小さな店でも大きく儲かる

出前・宅配・デリバリーで売上げ・利益を伸ばす法

牧 泰嗣

同文舘出版

はじめに……出前・宅配の成功法則とは

本書は、「現状の店舗に出前・宅配・デリバリーを加えて売上げ・利益を伸ばしたい」「出前・宅配・デリバリーはすでに行なっているが、さらに業績をアップさせたい」「新たな収益の柱を出前・宅配でつくりたい」……このように考えている経営者、経営幹部の方々のために書きました。

本書の最大の特徴は、個人店から中堅チェーンまで、120店舗におよぶコンサルティングを通じて得られた、出前・宅配での成功法則を解き明かし、「出前・宅配で売れるしくみ」について、事例をまじえながらわかりやすく解説している点です。

これまで飲食店の開業方法や店舗運営、メニュー開発、接客などについて書かれた書籍は数多く出版されてきましたが、「出前・宅配」の経営方法に絞って、体系づけて書かれた書籍はありませんでした。そのため自己流でチラシをつくり、ポータルサイトに登録し、バイクや宅配用パソコンソフトを含めて多額の投資をしたものの、ほとんど売れないどころか、赤字になってしまう店も見てきました。

出前・宅配は、江戸時代から続いている、誰もが慣れ親しんでいるサービスだけに、簡単にできそうに思えてしまいます。しかし、在来型の店舗運営と出前・宅配では、経営の方法が大きく異なります。それに気づかないままに出前・宅配をはじめてしまうと、店の売上げにも悪い影響を与えかねません。

くわしくは本書で説明していますが、出前・宅配で売上げと利益を伸ばすためには、正しい方法と正しい手順があります。それに則って出前・宅配を導入すれば、店の柱として大きく売上げと利益を伸ばすことが可能です。

家族経営の店でも月商100万円、本格的に導入した店では月商500万円、さらに1店舗の出前・宅配のみで、年商1億円を叩き出した店もあります。

2000年前後の宅配ブームではピザと寿司が中心でしたが、現在はありとあらゆる商品が出前・宅配されるようになり、競争も激しくなりました。そこで勝ち残っていくためには店独自の「出前・宅配で売れるしくみ」をつくっていくことが必要です。

今までのコンサルティング経験から、どの店にも必ず強みや魅力があることがわかっています。それを引き出して、どのように出前・宅配で活かしていけば業績が伸びていくのかについて、本書には具体的に書いてあります。これができれば、大手チェーン店にも打ち勝っていける出前・宅配の地域一番店になることができるのです。

本書は、出前・宅配で売上げ・利益を伸ばすために書きましたが、店舗経営との違いを明確にしたことにより、飲食店、小売店の経営にも参考にしていただける点が多々あると思います。

これまで存在しなかった出前・宅配に特化した本書が、経営者の皆様の一助になり、お客様のご満足につながれば幸いです。

2016年12月

牧　泰嗣

小さな店でも大きく儲かる
出前・宅配・デリバリーで売上げ・利益を伸ばす法　もくじ

1章

出前・宅配・デリバリーはこんなに儲かる

2章

出前・宅配・デリバリーで儲ける基本原則

3章

出前・宅配・デリバリーで売れる商品開発

4章 思わず注文したくなる販売促進の秘訣

5章 売上げ・利益を決める商圏設定

6章 売上げ・利益を永続させるリピーターづくり

7章

儲けを出す出前・宅配・デリバリーのオペレーション

装丁・DTP　春日井 恵実

1章

出前・宅配・デリバリーはこんなに儲かる

1 宅配市場は今後も成長する有望な市場

▼なぜ、出前・宅配を導入したのか

「売上げが1・7倍になるとは思ってもいなかったので、やってよかったです」と出前・宅配を本格的に導入した飲食店の社長が、うれしそうにおっしゃっていました。

この飲食店は、「おいしいものを出せばお客様は来てくれる」と考え、原価をかけたメニューを提供していました。しかし競争が激しい外食業界では、売上げを維持するのが精一杯で、最近では前年売上げを下回ることが多くなってきたのです。

さらに、原材料や人件費の高騰によって、利益は下がることが当たり前の状態でした。現状を打破し、売上げ・利益を上げていくためには、小手先のテクニックでは太刀打ちできません。そのためには、新たな収益の柱が必要だと社長は考えていました。

しかし、外食全体の市場規模が縮小しているなか、既存の店舗の売上げを大きく伸ばすのは簡単ではありません。売上げを上げる早道は、新規出店をして店舗数を増やすことで

1-1　食品宅配サービス市場の推移と予測

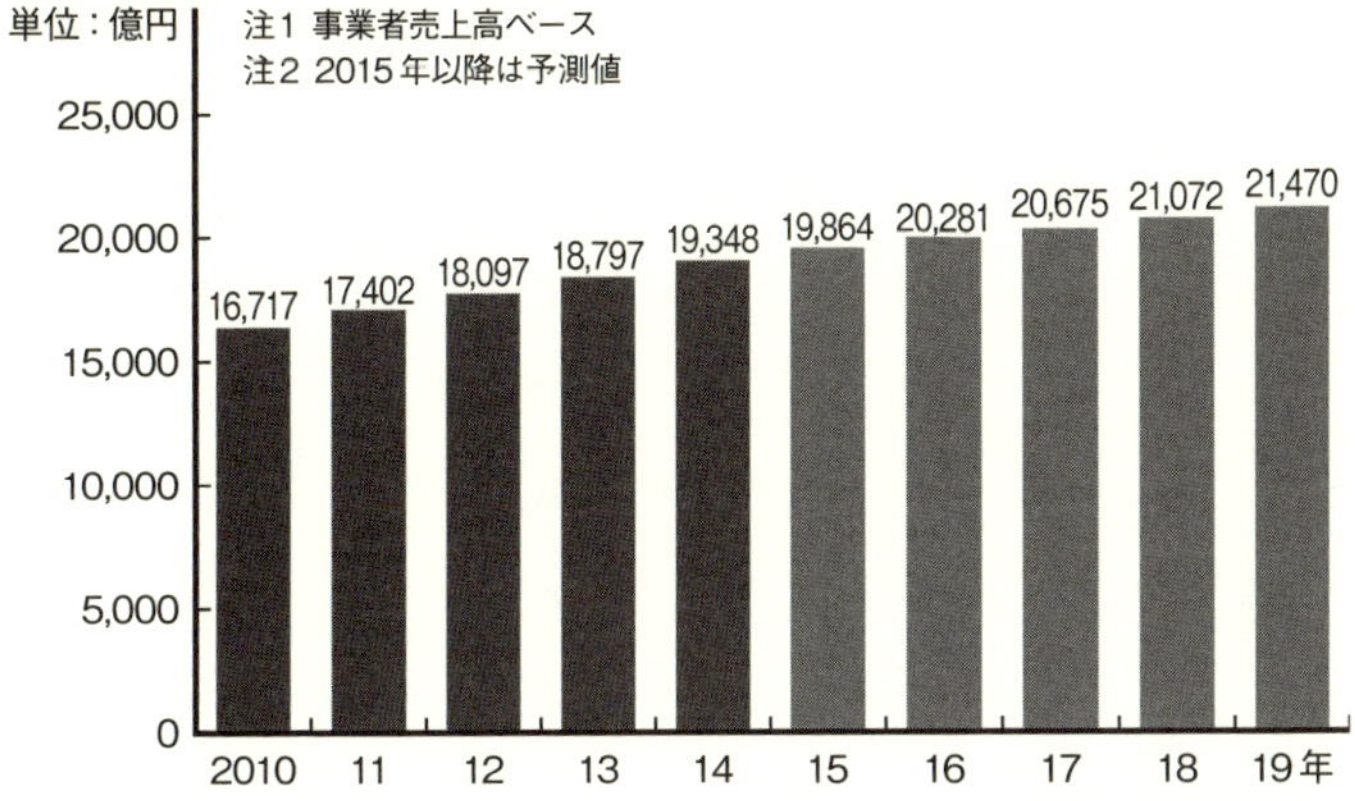

（出典：矢野経済研究所）

す。しかし多額の資金も、優秀な人材も必要です。そのうえリスクも伴います。

そこで、**低投資で、かつ現有スタッフだけでも売上げ・利益を伸ばすことのできる、**出前・宅配を本格導入したのです。

▼魅力溢れる食品宅配市場

外食産業の市場規模は１９９７年の29兆円をピークに下がり続けており、２０１４年は24兆３６８６億円と推計されています。17年間で約４兆７０００億円、16・２％も減少しました。

反対に食品宅配市場は、２０１０年に１兆６７００億円だった市場規模が、２０１４年には１兆９３５０億円と、４年間で16％近く伸びました。そして、上図のように今後も毎年

２％近くの伸びを示すと矢野経済研究所では予測しています。

外食市場に比べれば食品宅配市場の規模は小さいのですが、今後も市場の伸びが見込まれるため、参入してくる店や企業も少なくありません。

外食大手で宅配をしてくる「お届けガスト」では、年間での宅配注文数は６００万件を超えています（「日経ＭＪ」２０１４年10月８日より）。「ケンタッキーフライドチキン」「ＣｏＣｏ壱番屋」「大阪王将」「モスバーガー」なども宅配で業績を伸ばしていることを考えれば、充分に魅力のある市場です。

▼社会に求められている利便性

出前・宅配・デリバリー市場が伸びている理由として、社会環境の変化もあげられます。日本の高齢化は急速に進み、65歳以上の人口は２０１４年には３３００万人で、４人に１人は高齢者です。

誰しも歳を重ねると、健康面でいろいろなところに支障が出てきます。少し前まで元気で歩いていたお客様が、「足を悪くして歩くのも大変になった」、そんな理由から、ある日を境にパッタリと店に来なくなることもあります。

今後、高齢化がさらに進めば、そんなお客様が増えることは間違いありません。「足が悪くてお店に行けません」と聞いて、「それでは仕方がないですね」と諦めてしまえば、お客様を失うことになり、当然、売上げは下がります。

しかし、出前・宅配を導入した店では、来店していた高齢のお客様の多くが、出前・宅配にシフトしています。そんなお客様のお宅に出前に行くと、「足が悪くて店には行けなくなったけど、出前のおかげで助かっているよ」と喜ばれます。

そんな利便性から**高齢者の方に気に入ってもらえれば、リピーターになる確率は高く、安定して注文が入る**のも経営的には大きな魅力です。

高齢化とともに、女性の社会進出が出前・宅配の利用を促します。女性が仕事に費やす時間が増えれば、家事をする時間が減ってしまいます。仕事、家事、育児とすべきことが増えれば、何かを削って時間をつくらなければなりません。

たとえば、電話やネットで食材の注文をすますことができれば、**買い物の時間を短縮することができます**。また食事の支度時間を削りたければ外食してもいいのですが、お店に行くまでに時間がかかります。仕事で疲れているときや、いったん帰宅してから外に出たくないときには、**出前・宅配は家にいながら料理が来るのを待っていればいい**のですから、とても便利です。

また小さい子供さんがいる家庭でも、外でゆっくり食事ができないために、出前・宅配を利用しているお客様がたくさんいます。

▼ネットで出前・宅配

さらに、ネット環境が整備されたことも、出前・宅配を伸ばした要因です。アマゾンなど、ネットではじめて買い物をするときには不安だったものの、一度使ってその便利さを知ってしまうと、もう後戻りはできません。

出前・宅配でも、「出前館」や「楽天デリバリー」をはじめとする、**出前・宅配の注文専用ポータルサイトが広く浸透した**ことも手伝って、出前・宅配利用者の裾野を広げています。通販はもちろんのこと、飲食にしても、自宅にいながらおいしい料理を届けてくれる出前・宅配は最高のサービスなのです。

このように、出前・宅配はこれからも間違いなく広がっていく市場です。あえて競争のきびしい市場に打って出るよりも、これから伸びていく市場で勝負するほうが圧倒的に有利な戦いができます。

では、なぜ出前・宅配・デリバリーが儲かるのか、その理由を次に説明します。

② 出前・宅配・デリバリーが儲かる4つの理由

市場性があることは業績を伸ばす大きな理由のひとつですが、出前・宅配・デリバリーがなぜ儲かるのか、その具体的な理由がさらに4つあります。

①注文と同時に顧客データが手に入る

私がコンサルティングの仕事をはじめたころは、出前・宅配のほかに焼肉店のお手伝いをしたこともありました。そのときに取り組んでいたテーマのひとつが、リピーター化戦略です。

お客様に何度も店を利用してもらうためには、味や価格、接客などの基本がしっかりしていることはもちろん大事ですが、どんなにいい店でも、時間がたてばお客様の記憶は薄れていきます。「また今度行こう」と思っていても、何かしらのキッカケがなければ店に足が向かないことが多いのです。

しかし、顧客データがなければ、直接お客様にアプローチして来店を促すことはできません。そこで、カルビ無料券を配布したり、500円割引券をつけたアンケートを実施して顧客名簿を集めましたが、手に入った顧客情報は全顧客の3割程度でした。

ところが出前・宅配では、**お客様が注文をしたときに、名前・住所・電話番号がわかります。**ネットからの注文であれば、さらにメールアドレスまで手に入ります。一般の店が懸命になって収集している顧客データが難なく手に入るのですから、これを利用しないのは宝の持ち腐れです。

顧客データを使えば、お客様に直接アプローチでき、エリア分析にも大きな力を発揮しますから、販売促進費を抑えながら、効率よく売上げと利益を伸ばすことができるのです。

②出前・宅配と来店の相乗効果

出前・宅配を行なう際に、従来から扱っている商品を避け、今までとは別の商品または商品群にするという考え方もあります。同じ商品を、店と出前・宅配の両方で扱うと食い合いになって、期待したほど売上げが伸びず、あまりメリットがないと思われるからです。

しかし、今までの経験と実績から言えば、まったくそんなことはありません。それどころか、**出前・宅配と店とで同じ商品を扱うことで、来店の売上げも、出前・宅配の売上げ**

1-2 店と出前・宅配の相乗効果

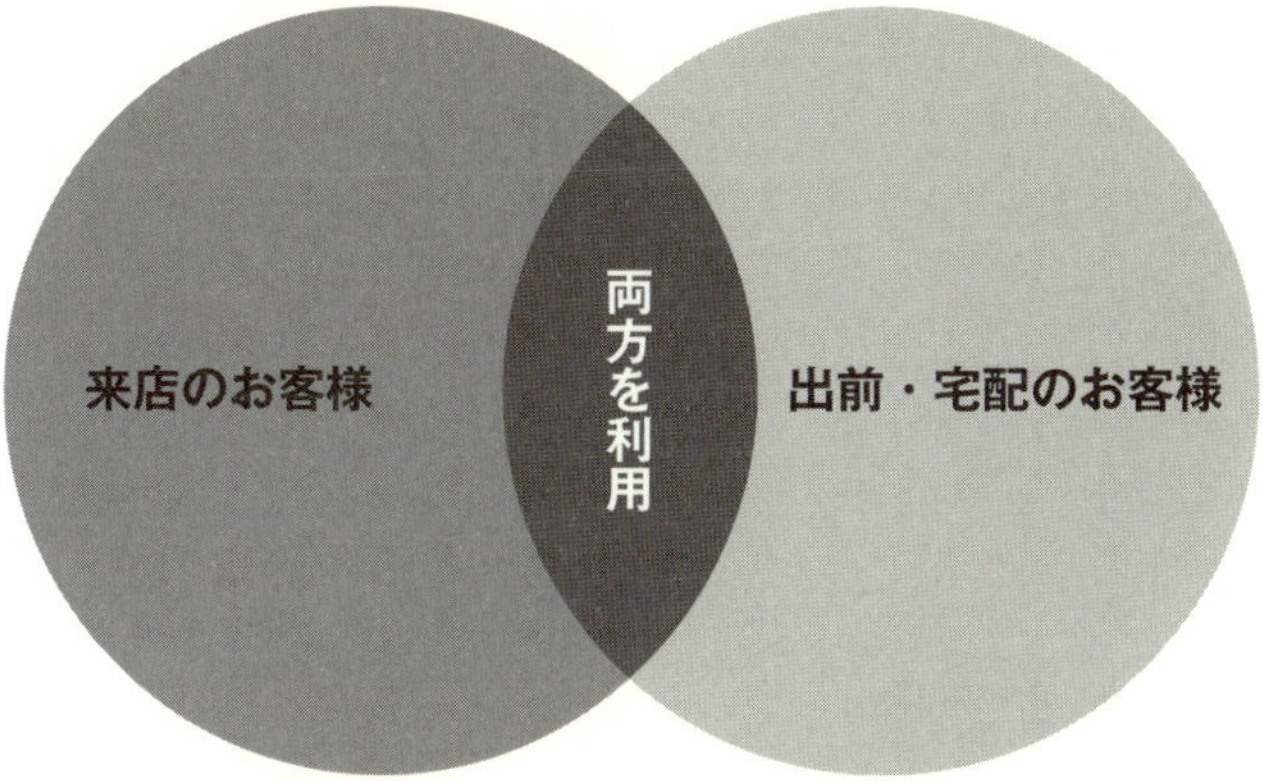

も、**どちらも大きく伸びる**という相乗効果が出ています。

その理由は、今まで店を利用したことのないお客様を、出前・宅配で新たな顧客として開拓できるからです。それが、図1-2の上の円です。円の重なる部分は来店でも出前・宅配でも利用するお客様です。出前・宅配で満足すれば来店するお客様も増え、来店していたお客様が出前・宅配を利用することもあるため、店全体の利用頻度は高くなります。

さらに相乗効果を実感できたときがあります。それが、2002年6月に日本で開催されたサッカーのワールドカップでした。店では閑古鳥が鳴いていましたが、出前・宅配を実施していた店では6月の売上げが前年の1・2～2倍以上になったのです。

このように大きなスポーツイベントがあるときや、雨の日、夏の猛暑、冬の寒波など気候条件が悪く、お客様が外に出たくないときには出前・宅配は威力を発揮します。

２０２０年には東京オリンピックが控えており、２００２年と同じようなことが予想されます。そのときに売上げを伸ばしてくれるのが出前・宅配です。外出したくない、外出できない場合には、お客様にとっても便利で、店にとっても売上げの底上げができるため、店との相乗効果を実感できるのです。

③超低コスト、超低リスク

チェーン店から個人店まで様々な規模の店のコンサルティングを行なってきましたが、家族経営をしているA店では出前・宅配を本格的に導入して、売上げはもちろんのこと、利益も大きく伸ばしました。

A店は従来から出前・宅配をしていましたが、売上げは芳しくありませんでした。私のところに相談にみえた店主は、「こんな小さな店でコンサルティングをお願いするのはおこがましいのかもしれませんが、このままではジリ貧になってしまいます。売上げを伸ばしたいのでぜひお願いします」とおっしゃいました。

しかし、いざコンサルティングがはじまると店主のやる気は大変なもので、今までにな

1-3 A店の出前・宅配の売上げと利益

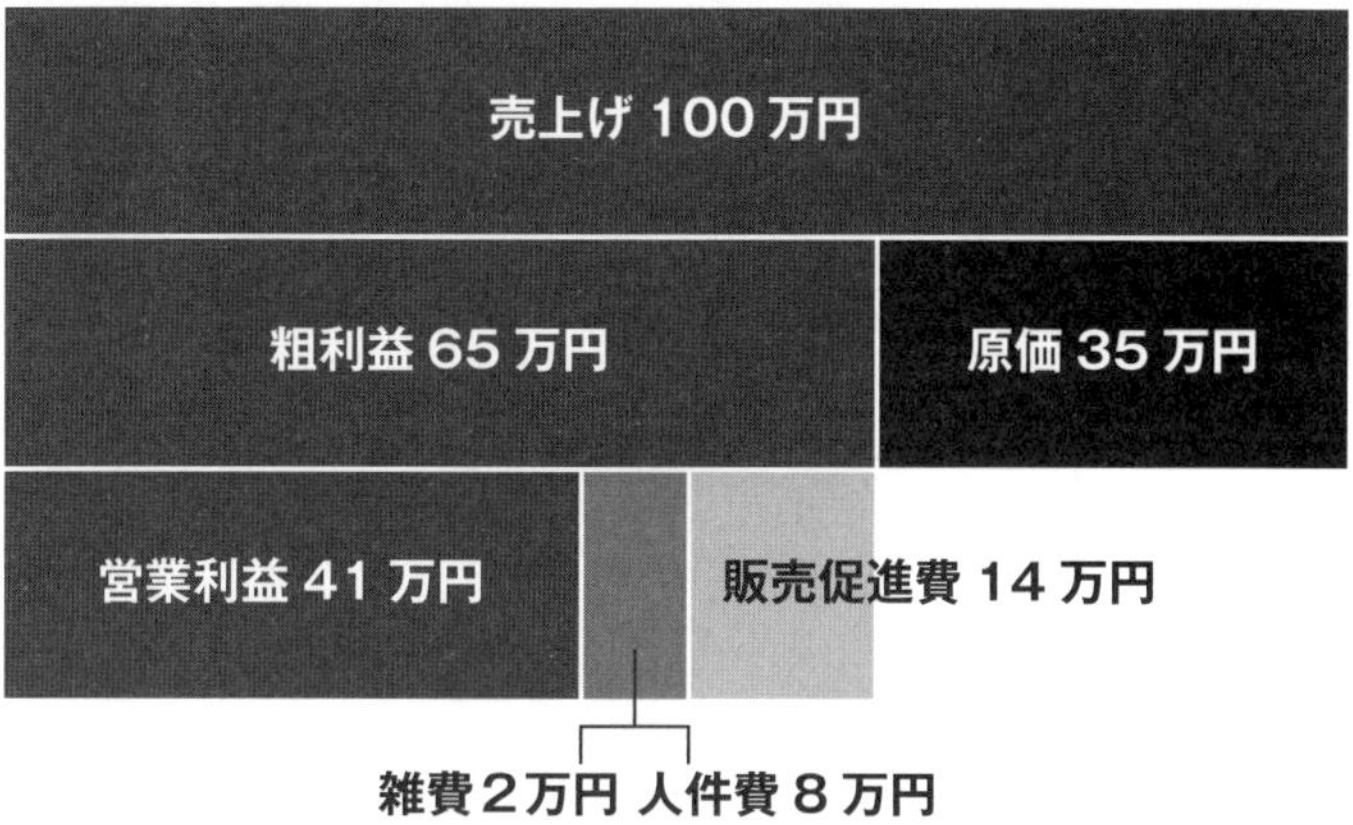

いくらい短い期間で、出前・宅配で売るしくみをつくり上げることができたのです。その結果、1ヶ月目から出前・宅配の売上げは１００万円を超えていきました。

売上げが伸びたことも喜んでいただけましたが、さらに素晴らしい成果は、営業利益率が40％を超えたことです。導入初月だけはチラシなどの販売促進ツールの制作費がかかったために利益は10万円ほどでしたが、２ヶ月目以降はコンスタントに40％以上の営業利益率を出しました。

A店の出前・宅配での収支は図1-3のように、売上げが１００万円、原価が35万円ですから、粗利益は65万円です。２ヶ月目以降はここからデリバリーの「アルバイト人件費８万円」「販売促進費14万円」「雑費２万円」の合計24万円が経費となり、営業利益は41万円でした。

売上げが100万円前後ならば、土日など注文の多いときにアルバイトをひとり増やせば充分まかなえ、店舗や厨房設備は店と出前・宅配で共有できるために、利益率は高くなります。

A店のような家族経営や小型の店では、出前・宅配を併設して月商100万円をプラスすることによって、非常に利益が出やすくなるのです。

初期投資としては、最低限、販売促進ツールを制作する費用とバイク代として約50万円からはじめることができます。すでに配達に使用できる車両があれば、それを使えば充分です。パソコンは、出前・宅配が軌道に乗り、必要になってからでも間に合います。

また、1店舗の出前・宅配で年間6000万円を売り上げた店では、コンサルティング料金も含めた投資金額が300万円に満たない金額で、出前・宅配のしくみが導入できました。

このように出前・宅配は、投資額も少ないために回収期間が非常に短く、確実に売上げと利益が伸ばせる超低リスクな経営戦略なのです。

④立地は不問

店の売上げは客単価と来店数で決まります。来店数を増やすためには、面前通行量が多い場所に出店するのは非常に有利なのですが、そんな場所は競争が激しく、また家賃も高いのです。立地の悪さをカバーするために、無料送迎サービスやタクシー・ワンメーター無料券を出して来店客を増やす努力をしている店もあります。

もし、お客様が店に来られないのであれば、逆転の発想で、お客様に商品を届けてしまえば、お客様に店に来てもらうのと同じことになります。

出前で売上げを伸ばしたある社長は、「店で2時間接客して3000円の売上げなら、出前の電話1本で7000円のほうが絶対に効率がいいよ。やらないのは本当にもったいないね」とおっしゃっていました。

2007年6月に道路交通法が改正され、飲酒運転の罰則が強化されたあと、郊外立地の店の多くが売上げを落としました。その後も売上げが伸び悩んでいる店もあります。

そんな店こそ出前・宅配が救世主になります。立地が一等地であろうが、三等地、四等地であろうが、商圏が同じであれば出前・宅配なら売上げは同じです。**立地のよくない店こそ、出前・宅配の導入が非常に有効**なのです。

3 １店舗の出前だけで年商１億円にした老舗割烹店

私は１９９０年から出前・宅配にたずさわっており、宅配専門チェーンで商品開発や販売促進などの経験をした後、寿司、中華、トンカツ、天ぷら、カレーなどの店のコンサルティングをしてきました。

これまで宅配専門チェーンとコンサルティングを実施した店舗を合わせれば２００店舗以上と関わってきたことになり、その経験をまとめた小冊子を出したところ、宅配専門店に加えて、出前・宅配を併設するタイプの店からの相談が増えてきました。

そのなかでも、もっとも売上げと利益を伸ばした店のひとつが老舗割烹料理のＢ店でした。

▼自店の真の姿が見えていない？

Ｂ店は、店舗もあり、宴会もでき、冠婚葬祭用の仕出しも、寿司の出前もしていたのですが、月商４００万円あった出前の売上げが２５０万円まで下がってしまったことで、社長は危機感があって相談にいらっしゃいました。

社長は開口一番、「このところ宅配専門店に押されっぱなしで、出前の売上げが下がっています。このまま売上げが上がる見込みがないのであれば、いっそのこと出前からは撤退しようと考えていますが、出前の売上げを以前のように戻す手立てはありますか」とおっしゃいました。

試食させていただくととてもおいしく、レベルの高い商品で、宅配専門店のそれと比べるとはるかに高品質でした。「これで売れないわけがない」「絶対に売れるようになる」と確信しました。

不思議なことに、今までコンサルティングをしてきた店はすべてそうでしたが、商品レベルの高い、おいしい店ばかりでした。それでも売れなかったのは、**現状を正しく認識できていなかった**からです。

誰しも売上げが下がってくると弱気になってしまい、思考が負のスパイラルに陥ることがあります。B店の社長も、当時は「もうこのまま宅配専門店に勝てないのではないか」と思い込んでいて、自店、競合店、そして市場を客観的に見ることができなくなっていました。

▼お客様に商品の魅力を伝える努力

しかし社長は、宅配専門店のことを意識していたものの、宅配専門店の商品を食べたことがありませんでした。飲食店は忙しい時間帯が同じですから、意外に競合店の調査をしていないこともあるのです。

早速、宅配専門店に注文して食べてみると、「えっ？　これならうちのほうがおいしいよ！」と現実を目の当たりにして社長は愕然としました。

商品では勝っているのに、売上げでは負けています。「この味なら絶対に勝てるはずだ」と、このときから社長は前向きな思考に変わりました。

B店は地元で長く営業をしている老舗ですから、お客様は店のことを知っているはずだと、店のスタッフ全員がそう思っていました。ところが、売上げは下がっています。

そこで、両店のチラシとメニューを比較してみると、宅配専門店のカラーメニューは見やすく選びやすく、おいしそうに見えました。B店のチラシも決してレベルが低いわけではなかったのですが、来店を促すことがメインで、出前の商品についてはわかりにくかったのは確かです。

どんなにおいしいものを提供していても、お客様にそのことが伝わらなければ、注文にはつながりません。

宅配専門店が出店するまでは、このチラシでも充分に出前の注文があったのですが、よりわかりやすいカラーメニューが出てくれれば、注文が宅配専門店に流れてしまうのは当然のことです。

▼スタッフ全員でつくりあげた商品メニュー

出前で売っていくためには、まずは商品づくりからです。今の商品のままでも充分味としてはおいしかったのですが、出前に向かない商品もあったため、B店の魅力や独自性を出して、競合店と明らかに差別化できるように、一から出前用の商品をつくりあげることにしました。

中心になったのは、社長、総料理長、店長などの幹部ですが、他の社員も試食などで商品づくりに参加しました。

商品が完成すると、「これなら絶対売れる」と全員が自信を持ち、目をキラキラさせていました。これも経験則上言えることですが、「これは売れるかな?」と少しでも疑問に思った商品はほとんど売れませんが、社員が「売れる！」と確信を持った商品は確実に売れていきます。

商品にB店ならではの独自性を出せたので、次はこれをお客様に伝えていく必要があります。どこにでもあるようなカラーメニューの表現では、競合店には勝てません。

そこで出前のカラーメニューを数多く手がけた経験のある、プロのカメラマンとデザイナーにB店の魅力や独自性、メインの商品の扱いや表現方法をしっかりと伝えて依頼しました。

▼売り方さえよければ、出前はまだまだ売れる

いい販売促進ツールとは、カッコいいデザインではなく、売れるデザインにすることです。できあがったデザイン案について、「せっかくつくってくれたから、まあいいか」と安易にOKを出さずに、指示どおりになるまで何度も何度も修正していきました。

このときには、パートさんたちにもカラーメニューへの意見を聞きました。実際に注文する立場の主婦の目からの意見は貴重ですし、みんなの意見を聞くことで全員の参加意識が芽生えたのです。

カラーメニューが完成すると、いよいよはじまる出前の再出発に、スタッフ全員のやる気は最高潮に達しました。

まずは既存客へのDMからはじめ、ポスティングは店長と店のスタッフが配布する地区と業者に依頼する地区に分けて、近隣からスタートです。

全員でつくりあげた商品、そしてカラーメニューだったために、自分たちがポスティングした地区から注文が入ると、ガッツポーズが出るほど店には活気が溢れていました。そして1ヶ月後、昨年250万円だった月商が400万円になりました。その後も商圏を広げながら順調に売上げは伸びていき、3年後には1店舗の出前の売上げだけで、年商1億円を達成したのです。

当初の目標は年商5000万円に戻すことでしたが、その2倍の売上げになりました。社長はこのとき、「売り方さえよければ、出前はまだまだ売れるんですね」とうれしそうにおっしゃっていました。

4 人口が少なくても状況が悪くても出前・宅配で成功した店

出前・宅配で大きく売上げを伸ばし、新たな収益の柱をつくった店もありますし、商圏が狭くても確実に売上げと利益を伸ばした店もあります。また、他業種で出前・宅配を導入した店、チェーンから脱退し苦しい状況から売上げを復活させた店、1店舗だった店をチェーン化した宅配専門店など、様々なパターンがありました。

▼駅前にコンビニすらない立地

駅前にはコンビニすらなく、大きな建物と言えば学校があるくらいで、「こんな場所で本当に売れるのだろうか?」とはじめて訪れたときに不安に思ったのがC店です。

二代目の社長は、「地域の方々においしいものを食べていただきたいと思っているのですが、この地域は高齢者が多く、店に来たくても来られないお客様もいらっしゃるので、出前をやりたいんです。常連のお客様に出前を頼まれることもたびたびあるので、可能性はあると思っています」と考えていました。

商圏を調べると、1・5万世帯にも満たない山あいの非常に狭い商圏です。出前・宅配は商圏と売上げに密接な関係があるため、狭い商圏で勝負するには、ひとりでも多くのお客様に注文してもらい、何度も注文してくれるリピーターを増やさなければなりません。

C店は和食の店だったので、店では様々なメニューを提供していましたが、出前の品目数を増やしすぎるとオペレーションが複雑になってしまうので、商圏内の世帯数と客層から考えて、商品単価の高い寿司と冠婚葬祭用の仕出し料理の二本立てで出前をはじめることにしました。

主な客層は年齢の高い方々ですから、お客様との相互コミュニケーションをとるリピーター化戦略（詳細は6章）も取り入れてのスタートです。

本格的に出前をはじめるとお客様に好評で、2ヶ月目から月商は150万円を突破し、予想を超える売上げになりました。狭い商圏ながらも、リピーター化戦略と長く営業している信頼感もあって、客単価の高い仕出し料理の注文が多い月には、売上げが300万円を超えることもありました。

社長は「世帯数が少ない田舎でも売れると思っていましたが、計画以上になったので、とても満足しています」と話してくれました。

▼鮮魚店から出前寿司への参入

飲食店に限らず、小売店でも苦労をしている業種があります。

日本人の魚離れが言われて久しく、そのうえ、スーパーに顧客を奪われて苦戦しているのが鮮魚店です。今のままでは未来がないと考えた鮮魚店D店の社長は、日常食の宅配を行なってある程度の結果を出していました。しかし、さらに売上げを伸ばすためには柱となる商品群がもうひとつほしいと考えて、相談にいらっしゃいました。

鮮魚店と言えば、すぐに連想するのが寿司の出前です。魚の仕入先は確保できていますし、鮮度のいいネタを見極められるのは、大きな強みになります。しかし、今まで寿司を握った経験がなく、寿司の出前はできないと思っていました。

でも、そんな心配は不要でした。職人の手握りと何ら変わらない高品質な寿司を握ることができる、寿司ロボットがこの問題を解決してくれたのです。

次に売上げを伸ばすために大切なことは、売れる品揃えと売るためのしくみづくりです。とくに品揃えについては、何度も何度も試作して修正しました。ひとつの商品をつくり直すと他の商品にも影響が出るので、商品をひとつ変更すると他の商品も変更せざるを得なくなり、商品づくりと品揃えにはもっとも時間と労力をかけました。

その甲斐あって、出前をはじめたとたんに1日の売上げが25万円を超え、休日になると目が回ってしまうほどの盛況ぶりでした。

「寿司の出前をやって本当によかった。利益も出ています。きっと自分ひとりでは短期間にここまでのことはできなかった」とおっしゃりながら、D店の社長はすでに次の戦略に目を向けています。

▼FCチェーンからの脱退

ピザや弁当など数種類の宅配FCチェーンに加盟していたE店では、ピザ以外はFCチェーンを脱退して独自に営業を続けていました。しかし、FC脱退後は売上げが低迷したために割引を多用し、利益が出ない体質に陥っていたのです。

コンサルティングを依頼された私は、割引をなくし、商品の価値を上げつつ価格も上げていく新しいメニューを提案しましたが、社長は、「値段を上げたら売れなくなってしまう」と今ひとつ乗り気ではありません。

過去に割引で売上げをつくった経験があれば、価格を上げることに不安を持つのは当然です。しかし、今のままでは売上げは下降線をたどるだけなので、一部の商品群だけで新メニューの実験をすることにしました。

結果は、売上げが下がるどころか、前年同月に比べ26％もアップしたのです。さらにメニューを変えてから割引目当てのお客様は去り、新しいお客様からの注文が増えて、客層が大きく変わりました。

これで勢いがつき全部のメニューを一新したところ、1年後に売上げは前年比151%にまで伸びたのです。その後も順調に業績を伸ばしているE店の社長は、「これからは割引は一切しません。おいしくて、価値のある商品を提供したほうが絶対に売上げは伸びるし、利益も出ますから」と以前とは考え方が180度変わっていました。

このほかにも、出前・宅配をはじめて導入した店、強化した店で売上げ・利益を伸ばした例はたくさんあります。

それぞれの店に様々な課題や問題がありましたが、長年営業していれば、どの店にも必ず売上げをアップさせる強みがあります。ところが、社長自身が自店の強みに気づいていないことが多く、それを活かし切れていなかったのです。

売上規模や店の状況・形態は違っても、**業績を伸ばした店に共通していることは、自店が持っている強みを引き出し、自店に合った出前・宅配のしくみをつくった**ことです。

2章

出前・宅配・デリバリーで儲ける基本原則

❶ これでは売れない！お客様の3つの不満

出前・宅配は昔からあり、慣れ親しんだサービスであるがために簡単にはじめられると思われがちですが、すべての店が売上げや利益を伸ばしているわけではありません。「さあ、これで売上アップできるぞ」と意気込んで、パソコンやバイク、チラシ制作に投資したものの、売上げが思ったほど伸びないどころか、利益を圧迫してしまう店もあります。

その原因はとてもシンプルで、**お客様に満足してもらえなかった**からです。

出前・宅配にどんな不満を持っているかをお客様に直接聞き、またアンケートで調べた結果、大きく次の3つにまとめられました。

①商品がチープ

届いた商品を見て、「えっ？　これでこんな値段するの！」とお客様を落胆させてしまっては二度と注文はきません。

出前・宅配はデリバリーにコストがかかりますから、店で食べるよりも価格は割高になってしまいます。それがわかっていても、お客様は価格に比べて商品が貧弱に見えれば不満に感じるのです。

お客様は注文をする前にチラシやネットで商品写真を見て、どの程度の商品が届くかをイメージしています。商品写真どおりだとは思っていないまでも、**7割程度の商品は届くだろう**と期待しています。しかし、届いた商品にボリュームがなかったり、メインの食材が貧弱だったりすれば、お客様はガッカリします。

また、どんなに見た目がよくても、**商品そのものがおいしくなければ問題外**です。

私が今まで宅配を注文した商品では、「ご飯に芯があった釜飯」「玉子の上のあんが酸っぱいだけでまずかった天津飯」「ネタが5gに対してシャリが24gと、まるでシャリだけを食べているような寿司」などが届いたことがありました。

こんなことでは、宅配での評判が悪くなるだけでなく、出前・宅配を併設している店では来店するお客様まで少なくなってしまいます。

②配達時間が遅い

宅配時間に関するアンケートを数店舗で行なったことがあります。どの程度の配達時間なら我慢できるか、という調査です。

もっとも多かった回答は30分以内です。次が45分以内で、60分を超えてもいいと回答したお客様はほとんどいませんでした。

実際に「お届けに60分かかります」と伝えただけで断られるほど、配達時間が遅いことを嫌うお客様が多くなっています。

以前の出前は、「催促してからやっとつくりはじめる」と言われるくらい時間がかかっていました。しかし、１９８５年に日本に上陸した宅配ピザが、注文を受けてから30分以内に届けるという画期的なサービスをはじめてから、お客様の意識は、**「宅配は30分で届く」**というように変わりました。

それでも、「品質にこだわっているので、注文がきてからつくりはじめるので時間がかかる」という頑固な店もありました。しかし、平日の暇な時間帯に電話をしても「90分待ち」と言われてしまうので、お客様からすっかり相手にされなくなり、結局、この店は閉店に追い込まれてしまったのです。

もうひとつ配達時間でお客様が不満に思っているのは、**約束の時間に遅れる**ことです。40分では届けられないのがわかっていながら、注文を断られることを恐れて「40分以内にお届けします」と言ってしまい、大幅に遅れてクレームになってしまうことがあります。

店の場合は、自分の目でお客様の混雑具合がわかるので、満席ならば別の店を探すか、並んで待つことになります。しかし出前・宅配の場合は、どんなに忙しくてもお客様にはその状況はわかりません。

店から伝えられた時間内に配達してくれるものだと信じていますから、配達時間が遅れれば約束を破ったことになり、店の信用は落ちてしまいます。

そして配達時間の遅れが慢性化すると、注文は減り、出前・宅配の売上げはどんどん下がっていきます。

③対応が悪い

お客様が注文をする主な手段は電話です。そのときの応対が悪いと途中で断られることもあります。

話し方が暗かったり、早口でよく聞き取れないくらいならまだしも、注文の内容を聞き間違えても謝りもせず、応対が横柄であれば、お客様は不快に感じ、「じゃあ、いいです」と途中で電話を切ってしまいます。

電話の応対以上にお客様が嫌な思いをするのが、**デリバリースタッフの対応**です。私も仕事上、様々な店に出前・宅配の注文をしましたが、「もう絶対に注文をしない」と固く誓うほどひどいスタッフもいました。

ひとりは、ユニフォームが薄汚れていて、爪に真っ黒な垢を溜めていたスタッフです。汚い手から商品を受け取ったときには、商品そのものも不潔に感じられて気持ちが悪くなりました。

別の店のスタッフはレシートを持ってこなかったので、そのことを言うと、「注文のときに言ってくれれば持ってきたんですよ。ちゃんと言ってくださいよ」と逆ギレされました。

また他の店では、金髪でズボンを腰まで下げたデリバリースタッフが、玄関のドアを勢いよく閉めて、「バタン」と大きな音を立てても知らん顔で帰って行ったときにはあきれてしまいました。いったいどんな教育をしているのだろうかと店のマネジメントに疑問を持ったほどです。

たったひとりのデリバリースタッフの対応がよくないだけで、お客様はその店全体に悪印象を抱いてしまいます。

② 売れない店がやってしまう4つの間違い

売上げが下がってくると何らかの手を打つと思いますが、それが間違った方法であれば収益はさらに悪化します。出前・宅配でやってしまいがちな間違った方法が4つあります。もし現在、次のどれかをやっているのであれば、今すぐ中止することをおすすめします。

①割引すれば売れる

売上げが下がってくると真っ先に考えるのが割引です。しかし、チラシを見てもネットでも、何らかの割引券をつけている店が多いため、5％割引券や200円程度の割引ではお客様は興味を示しません。

割引率を10％にしても反応がよくないので、20％にしたところ、注文が増えました。このように割引で売れた経験をすると、割引の悪魔の魅力にとりつかれてしまいます。

割引が当たり前になってしまうと、お客様は20％引きでも安いとは感じなくなり、注文はしだいに減っていきます。

20%でだめでも割引率を30%にすれば注文は増えるのですが、お客様はそれにもすぐに慣れて割安感を感じなくなり、また注文は減っていきます。30%を40%にしても、40%を半額にしても同じことの繰り返しで、結局は**割引地獄に陥ってしまう**だけです。

さらに悪いことに、**割引で集まったお客様はリピーターにはなりません**。安さを求めているだけで、店に魅力を感じているわけではないので、割引をやめたとたんに去っていきます。そして定価では売れない店になってしまうのです。

割引戦略は資本力のある大手の戦略であって、小規模店がとってはいけない戦略です。あの大手ハンバーガーチェーンでさえ、１００円に値下げしたときは売れましたが、その後は大苦戦を強いられたことは記憶に新しいところです。瞬間的に売上げを伸ばすことはできても、割引では永続的に利益を出していくことはできません。

②チラシをまけば売れる

週末になると新聞の折込みやポスティングでチラシが入ってきます。インターネットが普及したとはいえ、まだまだチラシの効果は侮れません。

テレビＣＭやネットで積極的に広告・販売促進をしている「ユニクロ」でさえ、新聞折込みチラシを毎週入れています。あれだけの大企業になってもチラシを入れ続けているのは、チラシが売上げを伸ばすための重要なツールである証です。

チラシを見て注文をすることの多い出前・宅配にとっては、一般の店舗以上にチラシは売上げに直結する非常に重要な販売促進ツールなのです。

しかし、チラシをまいているのに売上げが下がっている場合は、チラシを今以上に増やしたからといって、売上げが伸びるとは限りません。**売れない理由はチラシの配布枚数ではなく、ほかのところにある**からです。

商品や品揃えがよくなければ、どんなにチラシをまいたところで売上げは伸びません。4章で述べる「売れる販売促進ツール8つのポイント」をはずした「売れないチラシ」でも、同じようなことが言えます。

売れないチラシをつくった印刷会社に相談すると、「もっとまかないとダメですよ。今のままでは枚数が少なすぎます」と言われ、チラシの配布枚数を増やしても、印刷会社が儲かるだけで売上げは伸びず、利益を圧迫してしまうだけです。

③商圏を広げれば売れる

出前・宅配では、商圏の広さと売上げには密接な関係があります。商圏が広くなれば販売できる世帯数が増え、売上げも多く見込めるため、売上げが下がってくると商圏を広げる店もあります。

しかし、近隣エリアで売れていない店が商圏を広げたからといって、利益が伸びるとは限りません。売上げが多少増えることはあっても、それ以上にコストがかかってしまいます。半径1㎞の商圏を2㎞に広げればデリバリーコストは2倍に、商圏内の世帯数は2倍ではおさまらず約4倍に増えます。

デリバリーコストが2倍、販売促進費が4倍になったにもかかわらず、売上げがわずかしか伸びないのであれば、商圏を広げるだけコストが増え、利益を減らすだけです。

どんな繁盛店でも商圏を2倍にして、対象となる世帯数を4倍に増やしたからといって、売上げは4倍にはなりません。

お客様は、店のある場所と自宅の住所から判断して、どれくらいの距離があるのかを計算します。店が遠くにあれば配達時間がかかると思って注文を敬遠しがちになります。そのため、近隣エリアの1000世帯からは20件の注文があるのに、離れたエリアでは同じ1000世帯でも4件の注文しかこないといったことがあるのです。

現在の商圏で売れていない店が商圏を広げても、コストが増えるばかりで赤字に陥ってしまいます。

④品揃えを増やせば売れる

中華の宅配をしていた店が、売上げが下がってきたため、新たな商品群を加えればより多くのお客様の要望に応えられると考えて、カレー、ステーキ、丼物、デザートなど、新しい商品群を追加して、売上アップを目指しました。

ところがお客様の目からは、「この店、何屋さん?」「この店、大丈夫かな?」と見られ、多くの商品を扱っているがために、どれも中途半端で魅力がなくなってしまいました。

オペレーションも、商品の品種が多くなれば食材の管理も大変になり、ロスも発生しやすく、調理にも時間がかかります。商品数が増えれば増えるほど、お客様には店の特色がわかりにくく、商品が選びにくくなるだけです。

お客様はあえてわかりづらい店、選びづらい店に注文はしません。売上げを上げるために商品群を増やせば、オペレーションが混乱してミスを誘発します。そのうえメインで売れていた商品群の売上げが下がり、それ以外の商品も思ったほど売れずに苦戦するだけです。

当初から多品種多品目を扱うのであれば、そのためのノウハウも戦略も別にあります。

付け焼き刃で商品群を増やしても売上げと利益を出す運営はできません。

3 「出前・宅配」と「店舗の経営」3つの違い

①販売促進の重要性

店舗があれば、その存在はお客様にわかります。面前通行量が多ければより多くのお客様に知ってもらえますし、立地が悪くても店舗があること自体がお客様に対する宣伝媒体になります。ところが出前・宅配は、お客様に「出前・宅配をやっている」ことを伝えなければ、注文は入りません。

飲食店であれば食事ができると誰もが思いますが、店舗があるからといって必ずしも出前・宅配をしているとは思いません。今は少なくなりましたが、喫茶店が近所の会社や事務所にコーヒーを出前するのは、常連のお客様から頼まれて配達しているだけであって、出前・宅配で売上げを伸ばそうとしているわけではありません。あくまでもお客様サービスの一環です。

レジ回りに「出前迅速」と書いた品書きを置いている店もありますが、来店したお客様に出前をする程度で、売上げを少しでも上乗せできればいいと考えていて、本格的に出前・宅配に取り組んでいるわけではありません。

出前・宅配を本格的に導入して売上げを伸ばすには、店でお客様を待っているのではなく、**お客様に積極的にアプローチする攻めの商売**に転換していかなければなりません。「出前・宅配します」「おいしい商品をお届けします」というメッセージをお客様に伝えていくために、販売促進は絶対に欠かせないのです。

前項で「売れないチラシをどれだけまいても効果がない」と述べましたが、そもそも販売促進量が不足していて売上げが伸びない店もあります。これは宅配専門店よりも、出前・宅配を併設している店に多く見られる特徴です。

販売促進の重要性を理解している店は、チラシなどを定期的にポスティングし、新聞折込みチラシ、ホームページ、出前・宅配のポータルサイト、ＳＮＳを積極的に活用しています。

出前・宅配では、販売促進策を効率よく使って、攻めの経営をすることが必要である。

②データを活かした科学的経営

効率的に販売促進をするためには、情報は必要不可欠です。1章で述べたように、出前・宅配のメリットは、**注文と同時に様々なお客様データが手に入ること**です。出前・宅配専用のパソコンソフトが導入されていれば、経営に活用できる各種のデータを簡単に取り出すことができます。

たとえば、ポスティングしたチラシの枚数に対してどれだけの注文数が、どのエリアからきたのかといった情報を分析すれば、エリア別の販売促進の効果がわかります。お客様の購入履歴からは注文商品や注文回数・頻度もわかり、リピーター化戦略にも活用できます。

出前・宅配専用のパソコンソフトがなくても、お客様の名前や住所、注文を受けた日時と商品名はわかるので、入力の手間はかかりますが、エクセルなどの一般的な表計算ソフトでも充分、データは集計できます。なかにはパソコンを使わず、ノートと顧客カードでお客様データを集計している店もあります。

1章の2で紹介したA店でも、お客様の住所・氏名をノートで管理していました。A店では出前・宅配のしくみをつくる前に、すぐにでも売上げを上げる必要があったためにノートに記されていた既存客にDMを出したところ、反応率が15%を超え、売上げも伸びました。

たった1通のDMでも、データを活用すれば売上げを伸ばすことができるのです。

出前・宅配はデータを活用した科学的経営で売上げ・利益を伸ばすことができる。

③スピーディーなデリバリー

来店型の店と決定的に違うのが、出前・宅配は配達（デリバリー）をすることです。それも、できるだけ早くお客様に届けることが求められています。

出前・宅配のポータルサイトである「出前館」で店の評価が低くなる理由は、前に述べたとおり、「宅配時間が長くかかる」ことと「約束の時間に遅れる」ことの2つが圧倒的に多いのです。

ある店では、「速配」を売りにして業績を伸ばしてきました。速配をするためにはデリバリースタッフの人数を一定数以上確保しておく必要があり、人件費がかかることから速配を中止することを決断しました。

しかし、速配でないことをお客様に伝えるとその場で断られることも多く、しばらくすると売上げは下がっていったのです。これに慌てた社長はすぐに速配を復活させ、売上げ

2-1 「来店型店舗」と「出前・宅配店」の違い

来店型店舗の特性	出前・宅配店の特性
●設備投資が大きい ●立地が売上げに大いに関係する ●店自体に宣伝効果がある ●顧客データの収集が大変 ●配達は不要 ●多少のウエイティングはあり ●お客様の顔が見える	●低投資で可能 ●立地は不問 ●積極的な販売促進が必要 ●注文と同時にデータ入手が可能 ●配達が必要 ●配達時間の遅れは不可 ●お客様と接する時間が少ない

を戻しました。それだけお客様にとって、早く届けてくれることは魅力的だったのです。

配達時間を短縮するためには、デリバリースタッフを増やすだけでなく、扱う商品、商圏の設定、厨房の面積、製造工程、教育訓練、マネジメント方法など、「出前・宅配のしくみ」全体として考えていかなければなりません。

お客様は約束の時間どおりに配達してくれることを望んでいます。店が伝えた時間内に届けることが、店の信用にも、リピーター化にもつながります。

とくに、土日・祝日など注文が集中する日には、約束の時間どおりに届ける意識を全員が持つことが大切です。

出前・宅配は配達時間を短縮し、約束の時間内に届けることが売上げとリピーターを増やす。

4 出前・宅配・デリバリーで成功した店の3つの共通点

出前・宅配を導入するケースとしては、いくつかのタイプがあります。

「店に出前・宅配を併設する」のか、それとも「出前・宅配専門店を立ち上げる」のか。

店に併設する場合には「どの程度の売上げを目指すのか」によっても戦略が変わってくるため、はじめにどのタイプでいくのかを決める必要があります。

大まかに出前・宅配の形態をタイプ別に分類すると、次のようになります。

A 店に出前・宅配を併設

i 店の売上げに若干上乗せできればよく、月商で20万円前後伸ばす

ii 来店の売上げをメインに、出前・宅配をサブとして、月商１００万～２００万円をプラスする

iii 出前・宅配を、新しい事業として収益の柱にする

B　出前・宅配専門店

ｉ　ピザや寿司など、単一商品群を中心に出前・宅配をする

ⅱ　トンカツ、釜飯に丼物など、複数商品群の出前・宅配をする

そして、どのタイプを選ぶにしても、出前・宅配で業績を上げた店には、以下のように共通点が３つあります。

Ⅰ　出前・宅配を新規事業として立ち上げる覚悟

「もう少し売上げが上がればいいな」といった軽い気持ちや他人任せで出前・宅配をはじめても絶対にうまくいきません。私は、主に月商１００万円以上を目指す店のコンサルティングをしてきましたが、片手間で成功した店は１店舗もありませんでした。

店に出前・宅配を併設する場合では、月商がプラス１００万円を超えれば営業利益が大きく伸びますが、この目標を達成するためには、そのための計画が必要です。

１店舗で月商３００万円以上を狙うとなれば、新規に出店するのと同じような戦略が不可欠になることは言うまでもありません。

その前提条件が、**社長の強い信念**です。これがあってこそ計画が実行できるのです。

成功した店の共通点のひとつめは、出前・宅配を新しい事業として立ち上げ、絶対に売上げ・利益を伸ばすのだという社長の覚悟があったことです。

Ⅱ　正しい方法を正しい手順で実行

すでに出前・宅配を実施している店でも、出前・宅配専門店でも、コンサルティングに入るとどこかに不備や盲点が見つかります。それに気づかないままに対策を施しても、売上げは伸び悩んでしまいます。

出前・宅配をすでに導入している場合も、新たに導入する場合も、次の①〜⑥の手順で戦略や計画を策定し、実行したからこそ、売上げと利益を伸ばせたのです。

①自店の現状を把握する

店の強み、商品、商圏、お客様の特性などの現状を分析し、確認します。この段階で今後の店の方向性がほぼ決まってしまうこともある、非常に大切なプロセスです。

②自店の市場性を把握し、商圏を設定する

自店の商圏を調査し、市場規模や商圏特性を理解し、商圏設定をします。商圏を設定すれば対象となる世帯数も決まり、売上規模も推定できます。

2-2 出前・宅配で業績を伸ばす正しい方法と手順

①現状の把握
②市場の把握と商圏設定
③出前・宅配用の商品開発
④販売促進戦略の策定
⑤オペレーション設計と組織づくり
⑥リピーター化戦略の実施

③出前・宅配で売れる商品と品揃えを決定する

店と商圏の特性を考慮しながら、店の強みを活かした出前・宅配用の商品を、見た目も味もよくなるように試作・検討をしてつくり上げていく、今後の売上げの要になるプロセスです。

④店の認知度を高め、注文につなげる販売促進戦略を策定する

商品が決まれば、お客様の認知度を高めて注文につなげられるように、使用する媒体やツール、予算を決めて販売促進計画を立てます。

⑤宅配をスムーズにするオペレーション設計と組織づくりをする

約束の時間どおりに配達できるようにするために、調理工程や配達システムなどのオペレーションを確立し、出前・宅配の責任者や担当者などの組織も決めて、運営体制を整えます。

⑥恒常的な売上げをつくるリピーター化戦略を練る

売上げの基礎を固めるために、より多くのお客様に再注文してもらえるような、リピーター化のしくみづくりが最終のプロセスです。

出前・宅配で業績を伸ばすためにはセオリーがあります。

成功した店の共通点の2つめは、以上のように正しい方法と正しい手順で出前・宅配を導入したことです。

Ⅲ　データ分析と計画の修正・改善と実行

戦略を考え、正しい方法を正しい手順で開始しても、計画どおりになるとは限りません。計画と結果との間には少なからず差異が出てきます。

前項で述べたように、出前・宅配ではすべてのお客様データがわかるので、それによって「月別・週別・曜日別・日別・時間帯別」売上高、顧客特性、商品別売上高、エリア別販売促進効果などのデータが手に入ります。

これを分析すれば、その後の対策が立てられます。

多くの店では、業績が予測を下回ったときには懸命に原因を突き詰めて改善案を探ろうとするのですが、好調なときには、好調の原因分析をしないままにしておくことが多いのです。しかし、**好調なときにこそしっかり分析**しておけば、その要因を他に波及させて、業績をさらに向上させることができるのです。

また、時間の経過とともに経済環境やお客様の嗜好も変化していきます。商品についても常に売上データを注視して、商品の改廃、新商品の追加、ときには品揃えの大幅変更を行なうことも必要です。

出前・宅配にとって、データは売上げ・利益を伸ばすための貴重な経営上の財産です。

成功した店の共通点の3つめは、常にデータを分析し、修正・改善をし続けていることです。

3章からは、出前・宅配で売上げと利益を伸ばすための、正しい方法についてさらに具体的に述べていきます。

3章

出前・宅配・デリバリーで売れる商品開発

1 出前・宅配に向く商品、向かない商品

▼ポピュラーでプロの味が楽しめる商品

出前・宅配で儲けるために、もっとも大切なのが商品の選択です。どんなにおいしくても、たとえばロシア料理やブータン料理など一般的に馴染みがなく、大商圏を相手に商売するような商品は出前・宅配には向きません。

そうした商品を扱ってしまうと、どんなに頑張っても売上げ・利益が伸びずに苦戦をしてしまいます。出前・宅配で売っていくためには、それに向く商品があるのです。

では、出前・宅配に向く商品とはどんなものでしょうか。

それは、誰もがよく知っているポピュラーな商品で、家庭ではつくることがむずかしいもの、またはプロの味が楽しめるものです。

具体的には、昔から出前されてきた「寿司」や「そば・うどん」、家庭で調理しなくなった「トンカツ」や「天丼」などの揚げ物、専門店の味が家庭で食べられる「中華料理」や

「イタリアン」、来客時のもてなしに使われる「松花堂弁当」、さらに「カレー」や「釜飯」、地域に根ざした「ソウルフード」を出前・宅配している店もあります。

▼売上げを決める「平均注文単価」と「平均注文回数」

さらにもうひとつ、出前・宅配で扱うための重要な基準があります。それが**平均注文単価と平均注文回数**です。

出前・宅配では1回に配達する金額が1500円のときもあれば、1万円のときもあります。その平均値が「平均注文単価」であり、一定期間の売上金額をその期間の注文数で割った数値です。

なぜ平均注文単価が基準になるのかと言えば、1回の注文金額が多かろうが少なかろうが、デリバリーコストは同じだけかかるからです。デリバリーコストが同じならば、1回当たりの注文金額が多ければ利益も大きくなりますし、少なければ儲からなくなってしまいます。

しかし、いくら平均注文単価が高くても、一定期間内の注文回数が少なければ、商売としては成立しません。

年に1回しか注文のないお客様もいれば、週に1回注文してくれるお客様もいます。その平均値が「平均注文回数」です。一定期間の平均注文回数が多くなれば、売上げも伸びていきます。

▼理想的な「日替り仕出し弁当」

この平均注文単価と平均注文回数の関係を図にしたのが、左ページの図3-1です。

この図でもっとも理想的なのは、平均注文単価が高く、平均注文回数も多いAゾーンの商品です。

このゾーンに該当するのは、**「会社への日替り仕出し弁当」**などです。1品は500円前後と低単価であっても1回の注文個数が多いため、平均注文単価は高くなり、毎日注文が入るので平均注文回数も多くなり、安定した売上げが見込めます。

反対にDゾーンは、注文単価が安いうえに注文回数も少ないため、絶対に扱ってはいけません。

以前、500円前後の丼物だけの宅配専門店を仕掛けたところがありました。おいしくて価格が安ければ注文頻度は高くなると考え、保温用の丼を特注するほど力を入れて準備をしました。

しかし、平均注文回数が少なかったうえに、2~3人前での注文が多く、平均注文単価

3-1　平均注文単価と平均注文回数の関係

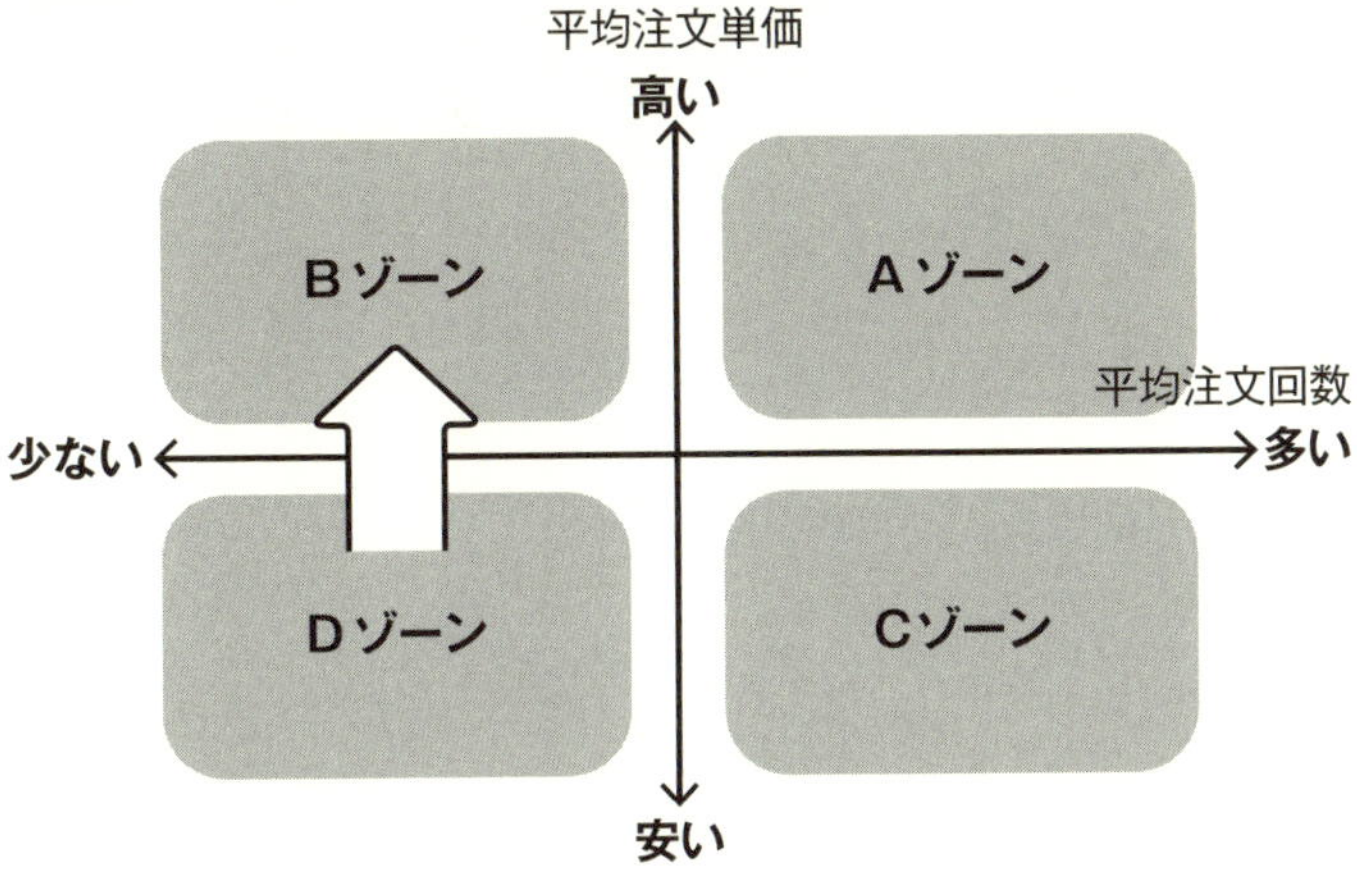

は１０００～１５００円にとどまってしまい、１年後には撤退を余儀なくされました。

このように、注文単価、注文回数がともに低い数値であれば、経営が成り立たなくなってしまうため、Dゾーンは絶対に扱ってはいけないデッドゾーンです。

▼「高齢者向けの宅食」の問題点

Cゾーンは平均注文単価が安く、平均注文回数が多い商品です。

このゾーンの代表は、**「高齢者向けの宅食」**です。１回当たりの注文単価は１０００円以下と高くはありませんが、週３～５日の配達があり、なかには1日2回配達することもあって、注文回数は多くなります。

ただし、このゾーンは平均注文単価が安いために、定期配達契約を結ぶなどして平均注文回数を多くしておかなければ、安定した売上げを上げることはできません。

また、お客様が味に飽きてしまい、継続がむずかしいことも課題です。さらに非常に競争が激しい分野でもあります。

▼出前・宅配の代表的な商品

そして、本書が対象としている出前・宅配の商品のほとんどは、平均注文単価がやや高く、平均注文回数はやや少ないBゾーンに属しています。

そのなかでも注文単価がとくに高くなるのが「会議食」で、2000円の弁当が30個ならば、1回の注文単価は6万円です。

しかし、1回当たりの注文単価は非常に高いのですが、一般的に注文は年に数回程度なので、平均注文回数は少なくなります。

その次に平均注文単価が高くなるのが、Bゾーンの代表である「寿司」です。寿司はお祝いや集まりのときに注文されることが多い「ハレの日需要型」であるため、平均注文単価は4500円から8000円ほどと高くなりますが、平均注文回数は年間3～5回と決して多くはありません。

また、日常食としての「中華料理」や「トンカツ」などは、1回当たりの平均注文単価は3000円前後と寿司よりも下がりますが、月1回程度注文してくれるお客様もいるため、平均注文回数は増えます。

誰もがよく知っているポピュラーな商品を扱っていても、平均注文単価が安く、平均注文回数が少ないDゾーンであれば、出前・宅配には向きません。

この場合には、平均注文回数を多くすることよりも、平均注文単価を上げた後に、注文回数を増やしていくことを考えるほうが、売上げも利益も伸びていきます。つまり、まずはBゾーンを目指します。

2 自店の強みを知り魅力を探る現状分析

出前・宅配で扱う商品が決まれば、次は具体的に売れる商品をつくっていくわけですが、その前にすべき重要なことがあります。それは自店の現状を分析して、自らの強みや魅力を知ることです。

本格的に出前・宅配に参入すれば、同品種を宅配する店もあれば、一般の飲食店もあり、そのすべてがライバルになります。そうした競合店との差別化を図るため、そして売上げを伸ばすためにも、お客様に自店の強みや魅力、そして独自性を伝えるための第一歩が現状分析です。

▼「売れている商品」を客観的に知る

現状分析の方法は大きく分けて2つあります。

ひとつめが**数値を使ったデータ分析**です。すでに出前・宅配を行なっていれば、「商品

別売上高」や「粗利益率」「商圏情報」が手に入ります。これから導入する場合でも、商品別売上高や粗利益率を分析すれば、何が売れていて、どれくらい儲かっているのかがわかります。

そして、**売れている商品には必ず売れている理由があり、売れていない商品にも売れない理由があるので**、「なぜ」を繰り返してその理由を突き詰めていけば、今後の商品づくりの大きな参考になります。

また、データ分析をしてみると、売れていると思っていた商品がそれほどでもなく、意外な商品が売れていたことに気づくことも多いのです。データ分析によって思い込みをなくして、事実を客観的に知ることができます。

▼自店の「いい点」「悪い点」をすべて明らかにする

2つめが**店に対する想いや価値観などを知るための意識分析**です。これはお客様や店のスタッフが考えているイメージや、数字では表わせない店の状態を知るために行ないます。

社長をはじめスタッフ一人ひとりが感じている店のよさやお客様の声から、店の強みや魅力を見つけ出していくのですが、「わが店のいい点はなんだろう?」と漠然と質問しても答えにくいだけです。**食材や調理方法などポイントを絞って一つひとつ聞いていく**と考

3-2　店のいい点、悪い点を明らかにする「意識分析表」

現状分析のポイント

1. データ分析
売上データ、商品データ、商圏データなどを分析
→数値から客観的に強みを知る

2. 意識分析
経営者・従業員・お客様が感じる強みを分析
→数値では表わせない店のイメージや状態を知る

	店が気づいている強み	店が気づいていない強み
お客様が気づいている魅力	Ⅰ 自信を持っていてお客様も知っている	Ⅱ お客様が教えてくれてはじめてわかる
お客様が気づいていない魅力	Ⅲ パート・アルバイトの意見が参考になる	Ⅳ インタビューにより明らかになる

えやすくなります。その際に、いい点だけを導き出すのではなく、**悪い点も含めて明らかにする**と、店の現状がよくわかります。

▼「意識分析表」を使って店を分析する

いろいろな意見が出てきたら、店が気づいているか否か、お客様が気づいているか否かで、強みや魅力を分類します。そのために使うのが表3-2の**意識分析表**です。

Ⅰは、店としても自信を持ってお客様におすすめできることで、お客様もその魅力を知っているから来店または出前・宅配の注文をする**「顕**

在化された強み」です。

Ⅱは、来店されたお客様が何気なく言ったことやお客様アンケートに書いてあったことなど、意識分析をしてはじめて気づく店のいいところです。店としては認識していなかったのですが、**お客様はそれを店の魅力として感じとっていた強み**です。

Ⅱに属する場合は、一部のお客様しか気づいていない可能性もあるので、今後、積極的にお客様に伝えていけば、Ⅰに移行します。

Ⅲは、**お客様が気づいていない店の持ち味**です。調理方法や秘伝のタレなど、店では当たり前になっていることが、お客様に魅力として伝えられていない特徴です。

Ⅲは勤務期間が長い社員よりも、まだ日の浅いパート・アルバイトのほうがお客様としての目を持ちつつ、店側の視点からも見ることができるために、店のよさに気づきやすいのです。また意識分析をする際には、社員が言いづらいことも遠慮なしに言えてしまうパート・アルバイトの意見に、とても大きな発見があります。

Ⅳは、店もお客様も気づいていない**「隠れた店の価値」**です。そんなことがあるだろうかと思われるでしょうが、インタビューをしていくうちにわかってくることがあります。

老舗の場合であれば、初代がやっていたことや店名の由来に隠れていることも珍しくありません。また食材がおいしい理由を探っていくと、それが取引先の特別な加工法であったとしても、店の魅力としてお客様に伝えられます。
Ⅳを導き出すポイントは、客観的な立場の第三者が、一つひとつ質問を重ねていくことです。そして、「そういえば……」という言葉の後に続くのが、Ⅳに当てはまることが多いのです。

▼言葉でお客様に店の魅力を伝える

自店の現状分析では、データを客観的に理解するのと同時に、意識分析をして**強みや魅力を言葉として表現する**ことがとても重要になってきます。

出前・宅配では、商品はもちろんのこと、チラシやカラーメニュー、ホームページ、出前・宅配のポータルサイトを見て注文をするわけですから、そこにある文字を見ただけで、店の魅力がお客様に伝わるようにする必要があるからです。

3 売上げの柱となる看板商品づくり

▼看板商品のメリット

店であろうが出前・宅配であろうが、売上げの根幹となるのはおいしい商品です。どんなに素晴らしい販売促進ツールをつくっても、おいしい商品をお客様にお届けできなければ、商売としては長く続きません。

すべての商品がおいしいのは当たり前ですが、そのなかでもとくに店の看板となる商品をつくれば、お客様にとっても店にとっても、大きなメリットがあります。

ある店では、ひとつの品目だけで売上げの40%以上を占める看板商品がありました。看板商品は繁忙期に注文が多くなることがわかっているので、**見込み生産が可能で製造時間が速くなる**ため、配達時間の短縮にも貢献します。

また食材の面からも特定の材料を多く使うために、ポーションやロットの大きな材料を使用することができ、**原価率を下げられると同時に食材ロスも減らせます。**

では、どのように看板商品をつくっていけばいいのでしょうか。

標準的には、商品売上分析をしたうえで競合店を研究し、自店の強みを活かすことで出前・宅配用の商品を開発していきます。

また、現在売れている商品を出前・宅配用に改良することで、看板商品をつくることも可能です。その場合には、前項で述べた店の強みや魅力を商品に盛り込んでいくことが絶対条件ですが、このときに考えておかなければならないことが2つあります。

▼「壁の価格」を見極めて商品価値を上げる

ひとつめが、**価格の安さでなく、商品の価値を上げる**ことです。

価格を安くして注文を増やそうとしたものの、売上げが伸びずに苦戦している店からの相談も数多くあります。そんなときには、「価格を下げたために商品の価値まで下げてしまっては、お客様からの注文は入らなくなりますし、デリバリーコストも吸収できません。それよりも商品を魅力的にして価格を上げたほうが、売上げも利益も確保できますよ」とお答えしています。

価格を考えるときには、**お客様が考える相場**というものがあります。コンビニの弁当なら500円前後まで、店でのランチなら1000円くらい、有名なレストランなら奮発して3000円までといった平均的な価格の基準が存在し、この基準のなかでお客様は選択しています。

お客様が、「この店なら1000円までは払ってもいい」と思っているのに、700円の商品を売れ筋にしてしまっては、わざわざ売上げを下げてしまっているようなものです。お客様が1000円まで使ってもいいと思っていれば、それだけの価値を商品に持たせれば1000円でも充分に売れていきます。

しかし、1000円を超えてしまうと、急に注文数が減ってしまうことがあります。**お客様が支払ってもいいと考える価格までは販売数量は変わりません**が、それを超えると販売数量が急激に落ちてしまう価格があります。その価格を**「壁の価格」**と言います。

「壁の価格」は日常食である弁当やトンカツなどの出前・宅配の場合は、1食当たり1000円から1200～1300円、ハレの日需要が多い寿司などは、1人前1200～2000円です。

店の格や商品の内容、都市部と地方でも変わってきますが、「壁の価格」までは価格を上げても販売数量は変わりませんし、「壁の価格」に近い商品のほうが魅力があって一番の売れ筋になっていることが多いのです。

焼肉店、居酒屋などのように、ひとりで複数品目を注文する場合には、集客の目玉として高原価率の商品を置くこともありますが、出前・宅配では、ひとりがひとつの商品を注文するケースがほとんどで、高原価率の目玉商品を通常の品揃えに加えることは店の利益を圧迫してしまうだけですから、避けたほうがいいでしょう。

1000円が売れ筋だった「鉄火丼」に中トロを加えて1280円にしたところ、売上げが1.4倍になった和食店もありますし、明太子を加えたら820円の弁当が980円でも売れるようになった宅配専門店など、「壁の価格」を利用して商品価値と価格を上げていくほうがお客様にも喜ばれて、売上げを伸ばすことができます。

▼出前・宅配商品は見た目が大事

2つめが、**商品の見た目**です。

店で提供する商品と、出前・宅配でお届けする商品で見た目が違うことがあります。店では皿にきれいに盛りつけて出しますが、出前・宅配の場合は使い捨て容器を使うことが多く、店で食べるよりも価値が下がって見えてしまいます。

売れ筋だったオムレツを使い捨て容器に盛りつけてみたところ、まったく魅力がなくなってしまい、宅配することを諦めた店がありました。

料理は器しだいで見た目のおいしさが変わります。たとえ三つ星レストランの料理であったとしても、屋台の焼きそばで使うような安っぽいプラスティックの容器で出されたら価値は半減し、おいしく見えなくなってしまいます。そこでこの店では使い捨て容器を変更し、オムレツに副惣菜を加えて、商品の見た目を変えました。

出前・宅配の場合は、ひとつの容器の中でおいしさを表現し、**店以上に食材の彩りに気を配る必要があります**。玉子の黄色にオムレツソースの赤、そこに緑が加わると華やかになり、おいしそうに見えてきます。

ネタの色彩が豊かな寿司でさえ、並べ方ひとつでまったく商品の印象が違ってきますから、見た目を変えるだけで、売上げを大きく伸ばすことができます。

出前・宅配の場合は、使い捨てのワンウェイ容器にするのか、回収を要するツーウェイ容器を使うのか、それぞれの長所・短所を踏まえたうえで決定することになります。

ワンウェイ容器は回収コストはかかりませんが、容器代がかかります。ツーウェイ容器は回収コストはかかりますが、商品の見栄えはよくなります。

一般的には、ワンウェイ容器は日常食で使われ、ハレの日需要の食事にはツーウェイ容器が利用されています。

どちらにしても、料理に加えて器の選択も、看板商品をつくるうえでは大切な要素のひとつです。

4 売れる品揃え、注文単価が上がる品揃え

▼「松・竹・梅」という商品の垂直的展開

看板商品ができたら、次は店の魅力をお客様に伝えられるように品揃え全体を整えていきます。ひとつの商品だけが素晴らしくてもだめですし、看板商品が品揃えのなかで埋もれてしまうようでもいけません。

プロ野球でもそうですが、看板になるようなスター選手ばかりを揃えれば勝てるかと言えば、決してそうではありません。選手それぞれに役割があって、スター選手もいれば、脇を固めるいぶし銀のような選手もいるからこそチームは強くなっていきます。

これと同じで、看板商品とそれを引き立てる脇役があるからこそ、いい品揃えになり、売上げが伸びていくのです。

日本の品書きには、古くから松・竹・梅の3つの等級があります。等級の違う3つの商品があると、真ん中の竹を注文する人が半分以上を占め、松と梅がそれぞれ1～2割程度

になります。この日本人の注文の仕方の特性を、品揃えに利用しない手はありません。

看板商品がひとつあるだけでは選ぶことができませんし、8種類もあると多すぎてどれを選んでいいのかわからなくなってしまいます。

お客様にとっては商品を選ぶ楽しさもあり、店にとっては売上げと利益を上げられる**松・竹・梅の品揃え**を、出前・宅配でも垂直的展開と名づけて活用しています。

▼「梅」が看板商品を引き立てる

垂直的展開では、もっとも多く売れる看板商品を「竹」に位置づけます。

ところが、「竹」が売れずに価格の安い「梅」ばかりが売れてしまって、利益の出ない店があります。そんな店からは、「いくら売っても儲からないので、商売をしていても旨味がない」との相談が寄せられます。

この場合の問題点は、すべての商品を売りたいがために、「梅」にも原価をかけすぎてしまい、看板商品と見た目の差がなくなっていることです。お客様からすれば、「竹もいいけど、値段が安くてあまり内容も変わらないから梅で充分」となり、「竹」が売れなくなってしまいます。

もし価格の安い「梅」に原価を多くかけていたとしたら、看板商品にも原価をかけなければ「竹」は売れません。このようにするとすべての商品の原価率を高くしなくてはならず、利益が出ない品揃えになってしまいます。

「梅」は売るための商品ではなく、看板商品を引き立てる脇役です。品揃えのなかではもっとも価格を安くし、お客様が「梅」を見たときに、「梅より少し値段が高くなるけど、竹のほうがいいわ」と思ってもらえるような商品にしなければなりません。

「梅」は売れなくてもいいと割り切って、看板商品である「竹」と見た目の差がはっきりとわかるようにし、原価をあまりかけないでおきます。それでも価格が安ければ売れていくので心配はいりません。

▼「松」で単価アップ

「松」は看板商品である「竹」の引き立て役ではなく、**注文単価を上げるために必要な商品**です。看板商品よりも価格を高くし、商品の見た目も「竹」より格段によくします。

おいしいものならお金を惜しまないという人や、常に一番高い商品を注文するお客様もいますが、狙いは「普段は竹だけど、おいしかったから、次の注文では一段階上の松を食べてみたい」と思ってもらえるような商品に仕上げることです。

看板商品である「竹」の評価が高ければ、ワンランク上の「松」はもっとおいしいだろうとお客様は期待します。「一度食べてみたい」と思ってもらえれば、うれしいことがあったときやお祝い事などのときに注文してくれます。

そして、一度いいものを味わってしまうと元に戻れなくなり、「竹」を注文していたお客様が「松」を注文し続けることはよくあることです。

いったん高級車に乗ってしまうと、軽自動車には戻れなくなるのと同じことが出前・宅配でも起きますから、より単価の高い商品を注文してもらえるような品揃えにして、注文単価のアップを狙います。

▼看板商品を中心に「垂直的展開」と「水平的展開」を考える

価格の差ではなく、**看板商品のバリエーションとして品揃えをしていくのが、水平的展開**です。「天丼」を例にとれば、垂直的展開が「特上天丼」「上天丼」「並天丼」です。そして水平的展開は、「野菜天丼」や「海老天丼」「穴子天丼」などになります。

中華の宅配で、「タンタン麺」を看板商品にしていた店がありました。麺類の品揃えとしては、「タンメン」「鶏そば」「ネギそば」「中華そば」「ワンタン麺」「チャーシュー麺」など非常に多くの水平的展開になっていたのです。

しかし、あまりに商品の種類が多すぎるとお客様は選びにくくなり、店側としてもオペ

3-4 「垂直的展開」と「水平的展開」での売れる品揃え

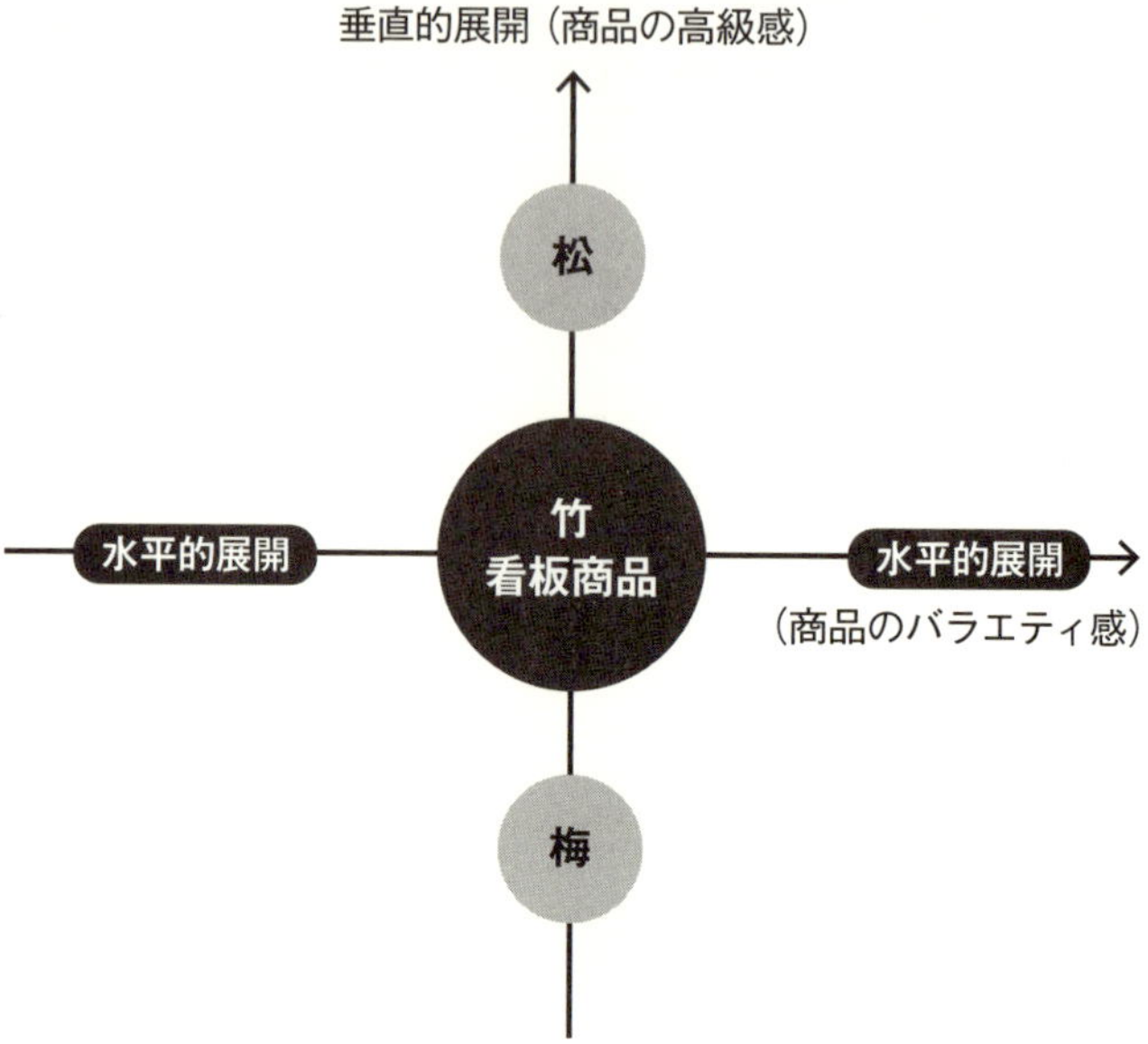

垂直的展開のポイント

1. 引き立て役の、売れなくてもいい商品をつくること
2. 価格差が商品の見た目で明確にわかること
3. 価格が高くても魅力のある商品をつくること

水平的展開のポイント

1. 看板商品との差がはっきりとわかること
2. お客様がよく知っている商品であること
3. オペレーションが煩雑にならないこと

レーションが煩雑になり、食材ロスが出てしまいます。麺類の専門であればまだしも、「中華弁当」や「中華丼」などのご飯物、「回鍋肉《ほいこーろー》」をはじめとする一品料理も扱っていたので、おびただしい品目数になっていました。

商品数が増えれば売れない商品も増えます。そこで、売れない商品は思い切って品揃えから除きました。すると売れていたのは、定番商品と店のおすすめ商品ばかりだということがわかったのです。品揃えを絞り込んだ結果、お客様は選びやすくなり、店の売上げは伸びていきました。

似かよった商品を数多く扱ってもわかりにくくなるだけです。水平的展開では、商品名や商品写真から見て、**お客様が商品の違いがはっきりとわかる**ことが出前・宅配の品揃えの基本です。

看板商品を中心として、垂直的展開と水平的展開を考えながら商品群をつくっていくと、バランスがよくて、お客様が選びやすい品揃えになります。そして品揃え全体としても店の魅力をお客様に伝えることができるのです。

5 「品質の時間による変化」と「宅配料」を考える

出前・宅配と一般的な店で大きく違うことは、お客様に商品をお届けするのに時間とコストがかかることです。商品を配達するときには、あらかじめ考えておかなければならないことが2つあります。

それは、商品ができてからお客様に届くまでに時間がかかるために「品質が変化すること」と「宅配料」についてです。

▼「品質の変化」をどう考えるか

商品を試作した直後に試食して「これなら大丈夫！」と思っても、出前・宅配用の商品の評価としては正しくありません。というのも、出前・宅配は配達時間がかかるために、**お客様はつくりたてを食べられない**からです。

商品ができあがってから、お客様の手元に届くまでに時間差があることが、出前・宅配の大きな特徴のひとつです。試食ではお客様が食べるのと同じ条件でなければ、正しい評価はできません。このことを頭において商品づくりと配達方法を考えていきます。

まずは、時間の経過によって商品がどのように変化していくのかを理解しておきます。標準的な配達時間経過後の商品はどのようになっているでしょうか。また、つくってから最長でどれくらいの時間までなら品質が保てるでしょうか。

味はもちろんのこと、食材の色や匂いなどの変化もチェックします。

時間の経過による品質の変化を知っていれば、繁忙時は事前につくり込みをすることもでき、品質にバラツキのない商品が届けられるようになります。

次に、お客様から繰り返し注文してもらうためには、熱いものは熱いまま、冷たいものは冷たいまま届けられるのが理想です。

ある店に注文したときにぬるいラーメンが届き、とても残念に思ったことがあります。反対に熱いラーメンが届くと、それだけでお客様は、「商品への気配りができる素晴らしい店だ」と感じて、信頼してくれるのです。

▼「宅配料」をどう考えるか

出前・宅配ではデリバリーコストがかかります。

これを回収するために、商品価格とは別にお客様から「宅配料」をいただくか、それともデリバリーコストを「商品原価」として考えて、販売価格に上乗せするのかを検討しなければなりません。

「宅配料」の回収方法は店によって様々ですが、主に4つの考え方があります。

①デリバリーコストを「商品原価」として販売価格に上乗せし、「宅配料」はとらない

大手外食で宅配に参入している「お届けガスト」は、「配達料」はとらずに1品当たり約150円をデリバリーコストとして「販売価格」に上乗せしています。店やテイクアウトでは485円の商品が宅配では640円になり、店・テイクアウトと宅配では、同一商品でも販売価格が違っているのです。

これは、1品単価が1000円以下の日常食を扱う店が主に採用している方法です。販売価格が安ければ粗利率が高くても粗利額が低くなってしまい、デリバリーコストが捻出できません。そのためデリバリーコストを「商品原価」に上乗せした売価設定をしています。

また、宅配ピザや宅配寿司などの宅配専門店も、この方法を採用しています。有名な宅配チェーンのほとんどが宅配料をとっていないために、お客様には「宅配専門店は宅配料が含まれているのが当たり前」という認識があり、宅配専門店が宅配料をとることには抵抗感があります。

②販売価格に「商品原価」として上乗せし、さらに「宅配料」もとる

「ＣｏＣｏ壱番屋」は、店で販売している価格に「商品原価」として1品あたり１０３円を上乗せし、さらに注文合計金額に「宅配料」２０６円がプラスされています。

②の場合は、①よりデリバリーコストとして販売価格に上乗せしている金額が少ないために、「宅配料」を別にとっています。しかし、１回当たりの注文金額が２５００円以上になれば、「宅配料」をとらないので、①と変わりません。②はあくまで①の派生の形態です。

あえて①と②の違いをあげるとすれば、上乗せする金額の差です。それは注文点数が増えたときに現われます。

①を採用している「お届けガスト」の場合、デリバリーコストとして上乗せしている金額が1品につき約１５０円ですから、4品の注文があれば６００円相当が販売価格に上乗せされ、この分がデリバリーコストとして回収できます。

一方、「ＣｏＣｏ壱番屋」は注文金額が２５００円以上になれば「宅配料」をとらないため、1品につき１０３円、4品で４１２円だけが販売価格に上乗せされます。不足する「宅配

3-5 デリバリーコストの考え方

1.「お届けガスト」の例

販売価格＋約150円

（ただし、商品により金額は異なります）

2.「CoCo壱番屋」の例

（販売価格＋103円）＋（宅配料206円）

（ただし、注文金額2500円以上になると宅配料無料）

3. 店と出前の併設店の例

販売価格＋宅配料

4.「高級仕出し弁当」「寿司店」等の例

宅配料無料

※1、2は2016年10月現在のものです

料」206円は注文単価が高くなることで、増えた粗利益額でカバーしています。

③販売価格は店と同じで「宅配料」のみをとる

店と出前・宅配を併設している店が、それぞれに異なった価格をつけると一物二価になることで、お客様が混乱し、店としても事務処理が煩雑になるのを避けるために採用している方法で、「宅配料」はデリバリーコストの一部に当てています。

またこの方式では、一定金額以下の場合は宅配しないこともあります。

④販売価格は店と同じで「宅配料」もとらない

この方法は、1回の注文単価が高く、店と出前を併設している場合に多く用いられています。

「高級仕出し弁当」や「寿司」の出前は、宅配料をとらないことが慣習化しているために、店と出前の価格を同じ設定にしています。1回の注文単価が5000円以上と高く、デリバリーコストが吸収できることも宅配料をとらない理由のひとつです。

ただし、「高級仕出し弁当」などで遠方まで宅配する場合は、宅配料を別途とっている店もあります。

デリバリーコストを「商品原価」として販売価格に上乗せする場合はもちろんのこと、「宅配料」として別にとる場合にも、商品価格と宅配料の合計が、お客様が支払ってもいいと考える金額、たとえば前出の「壁の価格」を上手に使うように設定することで、売上げも利益も確保しやすくなります。

4章

思わず注文したくなる販売促進の秘訣

1 集客の武器は販売促進

▼チラシのイメージが店のイメージも左右する

競合店調査は、自店の売上げを伸ばすために欠かすことができない重要な課題です。1章3で紹介した老舗割烹のB店は、競合店の商品を試食し、カラーメニューを調べたことで、自店の強みや独自性に気づくことができました。

競合店調査の基本は、品揃えや価格などの情報が詰まっている**チラシやカラーメニューを検討する**ことです。そのなかでも重点的にチェックしたいのが、もっとも手強い相手となるライバル店のチラシです。

ある店のコンサルティングをしたときは、地元で長く営業している老舗がライバルでした。ところが、この店の出前・宅配用のチラシを見て驚きました。高級感のある店の外観とは違って、使っている紙も薄く、デザインからもとても安っぽく感じられたのです。

地元の老舗ですから、店の名前を知らない人は少ないのかもしれませんが、店の外観か

ら感じるイメージと、出前・宅配用のチラシから受ける印象にかなりのギャップがありました。この店に行ったことのないお客様がこのチラシを見れば、「あまりおいしそうではないな」と思ってもしかたがありません。

チラシがお粗末であれば、出前・宅配だけでなく**店のイメージも落としてしまいます。**

マンションの販売促進でも言えることですが、高級マンションのチラシは、使っている紙も厚くデザインにも高級感があり、マンションとイメージが一致しています。

もし高級マンションに安っぽいチラシを使えば、実際のマンションとの間に大きなギャップが生まれてしまい、モデルルームや現地見学会にターゲットとなるお客様は来なくなり、マンションは売れなくなってしまうでしょう。

それと同じことが、店と出前・宅配にも言えます。チラシのイメージが悪ければ店までよくないと思われてしまいます。しかし**店と統一感があるチラシをまけば、出前・宅配の売上げが伸びるのはもちろんのこと、店のイメージもアップし、来店客が増える**ことが今までのコンサルティング経験からもわかっています。

▼売るためのポイントを押さえたチラシ

では、売上げに大きな影響があるにもかかわらず、先ほどの老舗のように出前・宅配を併設する店がチラシを無頓着につくってしまうことが多いのはなぜでしょうか。

それは、「店を構えているから、お客様は自店のことを知っているはず」と思い込んで、**チラシの質には関係なく、配布しておけば売れる**と考えているからです。そのため、デザインはデザイナーではなく印刷会社のオペレーターが担当し、薄い紙を使って、極力コストを抑えてチラシをつくってしまうのです。

これに対して宅配専門店は、お客様が来店することはないので、販売促進をしなければ電話1本鳴りません。そのためチラシの重要性をよくわかっています。しかし、それがわかっていながら商品の写真を並べただけの、何の魅力も感じられないチラシをまいている店もあります。

個別相談でも、チラシやカラーメニューについてアドバイスを求められることが多いのですが、チラシを見た瞬間に「あー、もったいないなあ」と思うこともしばしばです。たかがチラシですが、**写真やレイアウトを変えるだけで売上げは大きく変わります**。売るためのポイントを押さえたチラシをつくれば、売上げはまだまだ伸びていきます。

▼印刷物＋インターネット

出前・宅配の販売促進ツールは、チラシやカラーメニュー等の印刷物だけでなく、イン

4-1 出前・宅配の主な販売促進ツール

紙媒体
- チラシ
- カラーメニュー
- DM
- セールスレター
- タウン誌広告

インターネット
- ポータルサイト
  (出前館・楽天デリバリーなど)
- ホームページ
- ブログ
- フェイスブック
- インスタグラム
- ツイッター
- LINE
- メールマガジン

ターネットを利用した「出前館」「楽天デリバリー」「dデリバリー」などの出前・宅配のポータルサイトや自社のホームページ、ブログやツイッター、LINE、フェイスブック、インスタグラムなどのSNSも活用できます。

今後、売上げを伸ばしていくには、チラシなどの印刷媒体のほかに**インターネットを含む複数の媒体を組み合わせていく**ことが必要になってきます。

地域や扱う商品によっても異なりますが、インターネットからの注文は、顧客の年齢層が高い寿司などの商品では10%前後、比較的若い層が多いトンカツや丼物などの日常食では40～50%を超える店もあります。

それでもやはり半数以上は電話注文ですし、新聞の折込みやポスティングされたチラシを見て注文するお客様は今でも多く、販売促進として効果を発揮しています。

▼販売促進ツールでお客様に店の魅力を伝える

外観や内装で店の印象が決まってしまうように、出前・宅配ではチラシやカラーメニュー、ホームページなどの販売促進ツールで店のイメージがほぼ決まってしまいます。同じ商品、同じ品揃えでも、販売促進ツールをつくり替えただけで売上げは大きく変わります。

それだけ売上げに大きな影響を与える販売促進ツールですから、店をつくるのと同じくらいこだわって、店の魅力をお客様に伝えるようにすることが、出前・宅配で売上げを伸ばす大きな武器になるのです。

② チラシを変えて売上げ46％アップ

▼商品を見直すことが先決

「売れるチラシをつくってくれる会社を教えてください」と言われることがありますが、そんな店に限って、チラシをつくり直す前に、商品と品揃えを見直す必要がある場合が多いのです。

どんなに素晴らしいチラシをつくったとしても、商品が悪ければ売れるわけがありません。あくまでも**商品や品揃えを自信のあるものにしたうえで、販売促進ツールを総合的に見直す**のが出前・宅配で売るための王道です。

しかし、「今のままでは売上げがきびしいので、新たな品揃えができるまで現状の商品で何とか売上げを上げたいので、チラシを考えてほしい」と依頼されることもあります。

本来は品揃えを変えてからチラシをつくり直すことが望ましいのですが、次のような場合には、新しい品揃えができる前につくり直しをすることもあります。

▼大手チェーンを真似したようなチラシ

ある店は、大手チェーンにそっくりなチラシをつくっていました。しかしそれは間違いです。大手チェーンの販売促進ツールを研究し、その主旨を学ぶことは大切ですが、単に真似をしただけでは売れるどころか逆効果になってしまいます。

大手チェーンと間違えて電話がかかってくることもありますし、似たような販売促進ツールだと、お客様の目に自店も大手も同じように映ってしまいます。こうなると、知名度の高い大手チェーンを選ぶお客様が多くなるので、何のために販売促進費をかけているのかわかりません。

チラシは自店の強みや魅力を伝えるものですから、**どうしたらお客様にわかってもらえるのかを真剣に考えてこそ、魅力的で売れるチラシができる**のです。

売れるチラシを考えるのは決して楽ではありませんが、他店のチラシを真似するのは、自ら考えることを放棄しているのと同じです。

チラシを制作会社に任せるときにも、自店のコンセプトと売るべき商品を明確に伝えましょう。デザインができたときには指示どおりになっているかどうかを入念にチェックし、修正指示を出すのも経営幹部の大切な役割なのです。

▼売れている商品にスポットを当てる

別のある店では、チラシはオリジナルで配布枚数も多かったのですが、売上げが今ひとつ伸びていませんでした。

その理由を探るために商品分析をすると、チラシでもっとも目立たせている商品があまり売れておらず、裏面に小さく掲載された商品の販売数が比較的好調でした。そこで裏面にあった商品をメインにしてチラシをつくり直したところ、売上げは以前のチラシより46％も伸びました。

これは、**店が売りたい商品とお客様が買いたい商品が異なっていた**ことが原因です。店がデータ分析をしていなかったために、コンスタントに売れている商品に気づかなかったのです。お客様がほしいと思っている商品は必ず売上分析に現われます。その数字に基づいてチラシをつくれば、たとえ修正前と後のデザインがほとんど変わっていなくても、売上げは確実に伸びていきます。

そのほかによく見かけるのが、ひとつでも多くの商品を売りたいと考えて、商品を数多く並べたチラシです。総花的に商品を扱ってしまうと、商品の違いがわかりづらく、お客様は選びにくくなるだけで、結局、注文しなくなってしまいます。

このようにチラシをつくり直す場合も、やはり商品分析をすることが基本です。**売れて**

いる商品にスポットを当て、さらに店の魅力がお客様に伝わるようにすれば売れるチラシに大変身します。

▼チラシの効果を比較する

写真4-2は商品を均等に並べただけの修正前のチラシです。それを商品の内容はほとんど変えずに容器を変更し、商品の魅力や店の強みを伝えられるように修正したのが写真4-3です。

同じ店のチラシですが、違う店のように感じます。見た目の印象もまったく違い、店に対するイメージも修正後のほうが圧倒的によくなっています。チラシを修正した結果、出前・宅配の売上げは68%アップし、来店客の売上げも18%伸びました。

商品を変えずに容器とチラシを変えただけでも売上げは伸びていきますから、次項から述べる「8つのポイント」をしっかりと押さえたチラシやカラーメニュー、そしてホームページなどの販売促進ツールをつくれば、出前・宅配で売上げを伸ばすことができます。

さらに売上げと利益を一層大きく伸ばしたいのならば、商品と品揃えを改善した後に販売促進ツールを磨き上げていけば、鬼に金棒です。

4-2 修正前のチラシ

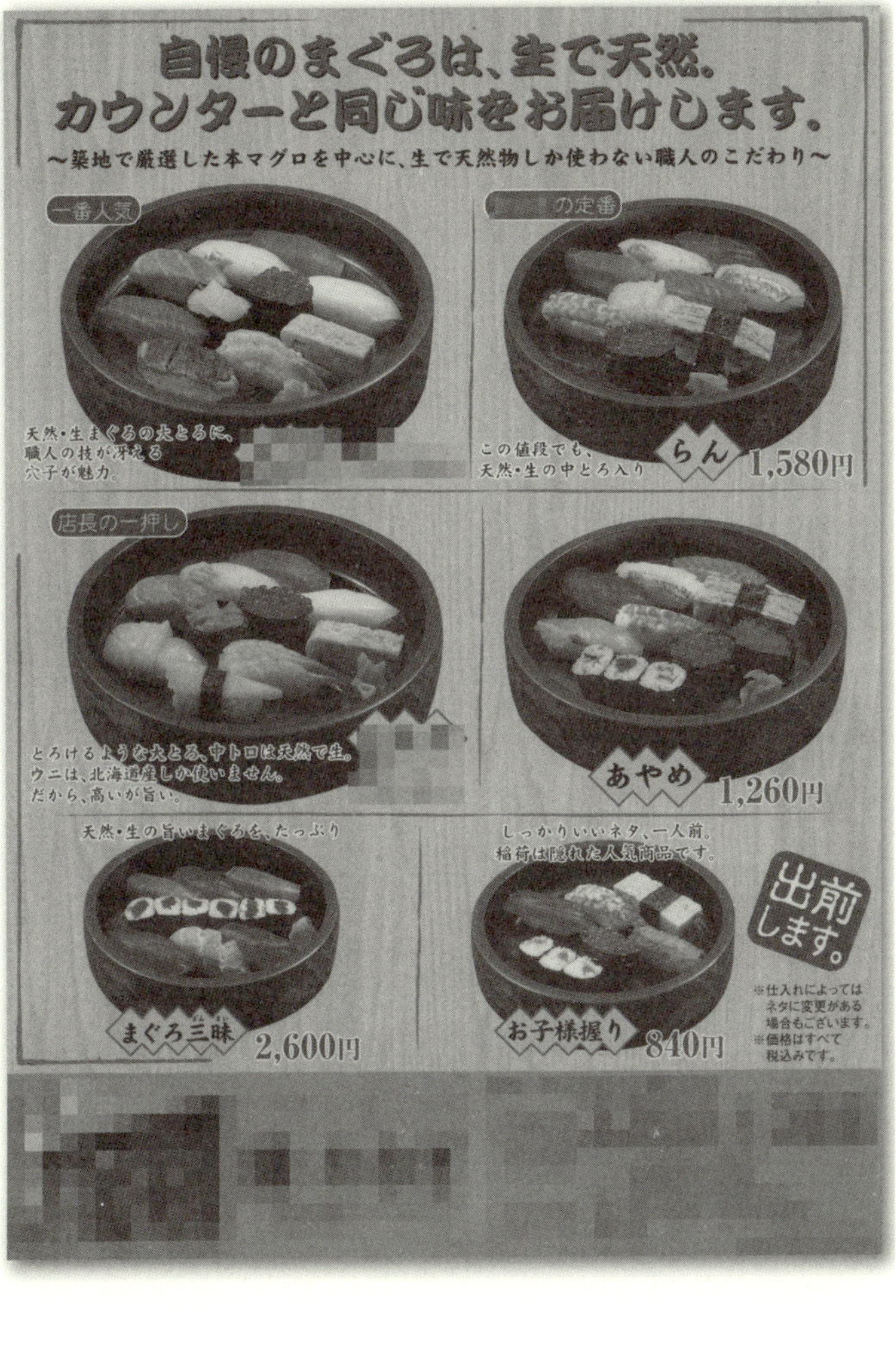
自慢のまぐろは、生で天然。
カウンターと同じ味をお届けします。
〜築地で厳選した本マグロを中心に、生で天然物しか使わない職人のこだわり〜
一番人気
天然・生まぐろの大とろに、
職人の技が冴える
穴子が魅力。
の定番
この値段でも、
天然・生の中とろ入り
らん
1,580円
店長の一押し
とろけるような大とろ、中トロは天然で生。
ウニは、北海道産しか使いません。
だから、高いが旨い。
あやめ
1,260円
天然・生の旨いまぐろを、たっぷり
まぐろ三昧
2,600円
しっかりいいネタ、一人前。
稲荷は隠れた人気商品です。
お子様握り
840円
出前します。
※仕入れによっては
ネタに変更がある
場合もございます。
※価格はすべて
税込みです。

4-3 修正後のチラシ

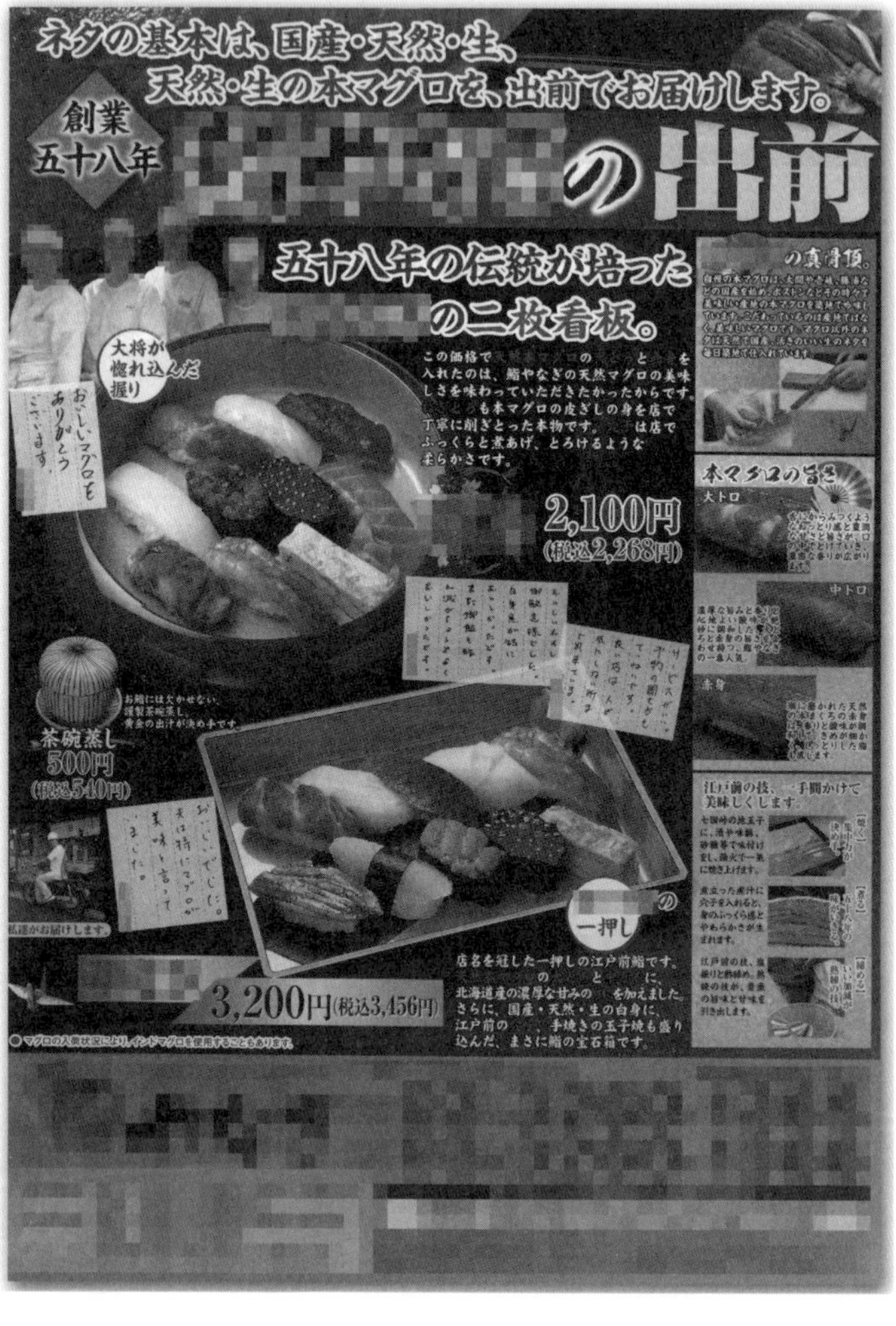
ネタの基本は、国産・天然・生、
天然・生の本マグロを、出前でお届けします。
創業
五十八年
の出前
五十八年の伝統が培った
の二枚看板。
この価格で の と を入れたのは、鮨やなぎの天然マグロの美味しさを味わっていただきたかったからです。 も本マグロの皮ぎしの身を店で丁寧に削ぎとった本物です。 は店でふっくらと煮あげ、とろけるような柔らかさです。
2,100円
(税込2,268円)
大将が惚れ込んだ握り
おいしいマグロをありがとうございます
本マグロの旨さ
大トロ
中トロ
赤身
茶碗蒸し
500円
(税込540円)
の一押し
店名を冠した一押しの江戸前鮨です。
の と に、
北海道産の濃厚な甘みの を加えました。
さらに、国産・天然・生の白身に、
江戸前の 、手焼きの玉子焼も盛り込んだ、まさに鮨の宝石箱です。
3,200円(税込3,456円)
江戸前の技、一手間かけて美味しくします。

3 売れる販売促進ツール8つのポイント1

前項まではチラシを例にとって販売促進について述べてきましたが、出前・宅配で売上げと利益を伸ばしていくための基本的な考え方やノウハウは、チラシやカラーメニューなどの印刷物であっても、ホームページなどのインターネットを使った媒体であっても同じです。

売れた実績のある販売促進ツールには次のような8つのポイントがあり、販売促進ツールを制作する際の指針になります。

ポイント①販売促進ツールは店の顔である

店舗も店の顔ですが、出前・宅配では、カラーメニューやホームページなどの販売促進ツールが店の顔になります。お客様はそれを見て瞬時に店のよし悪しを判断しますから、店舗と同じように売上げに直結する大切なツールであることを認識しておくべきです。

また、出前・宅配は店と違って、お客様は注文をするときに質問があってもスタッフに聞くことができません。それを補うために販売促進ツールで商品の特徴や選ぶときのポイントなどの情報に加え、**宅配料の有無、宅配エリア、営業時間などの基本情報をわかりやすく伝える**必要があります。

たとえば、店ではお客様に「当店のおすすめ」商品を説明することができますが、出前・宅配ではそれができません。その代わりに、商品に「当店のおすすめ」と表示し、おいしさの理由や素材などの説明を書いておけば、お客様は選びやすくなり、店としてもその商品に注文が集中するのでメリットがあります。

このように、出前・宅配の販売促進ツールは店の顔であるとともに、**店のスタッフの役割もはたす**大切なツールであることを理解したうえで、わかりやすく制作することが基本です。

ポイント②店や商品の魅力が表現できている

商売をしている以上は必ず競合店が存在します。同業種だけでなく、他業種の飲食店、コンビニなど多くの選択肢があるなかから選んでもらうためには、他店との違いがわかり、当店を選ぶメリットがお客様に伝わっていなければなりません。

そのためには自店の強みや魅力、そして独自性をお客様に積極的に伝えていくことが大切です。看板商品を大きく扱うことも自店の魅力をアピールすることになりますし、写真にわかりやすいコピーを加えることも効果的です。

前項の写真4-3では、メインを2点に絞っていて、お客様へのおすすめ商品が明確になっています。さらに写真では伝わらない商品のおいしさを証明するために、「国産・天然・生ネタ使用」と自店の強みを語ることで商品のよさがお客様に伝わっていき、競合店との差別化ができてきます。

ポイント③写真にはシズル感を出す

販売促進ツールを見て一番に目に飛び込んでくるのがおいしそうな写真です。**写真は、文字にくらべて40倍以上の伝達力がある**と言われています。

肉を焼くときのジュージューという音が聞こえてきそうなシズル感のある写真や、野菜や魚介類の新鮮さが伝わる写真はお客様の食欲をそそります。

実際に、文字だけで紹介した商品と写真を載せた商品では、販売数に20倍以上の違いがあり、写真は売上げに大きく影響するのです。

また同じ商品でも写真の撮り方ひとつで大きく売上げが変わるので、多少コストがかかってもプロに依頼するほうが賢明です。

ただし、カメラマンも被写体ごとに専門分野が分かれているので、食品を撮り慣れたプロにお願いすることをおすすめします。

顧問先のお客様アンケートでは、「チラシの写真と届く商品に相当な違いがあると覚悟していましたが、チラシと同じ商品が届いて大満足です」というお客様の声を多くいただいています。販売促進ツールに載せる写真は、シズル感があっておいしそうに見えることが必要ですが、**お客様に届ける商品と販売促進ツールに掲載された写真が同じように見えることもまた重要です。**

写真をおいしそうに飾り立てておけば初回の注文は入りますが、販売促進ツールの写真と届いた商品があまりにも違っていると、二度目の注文は入りません。

写真もおいしそうであり、商品自体の見た目も味もおいしく仕上げてこそ、出前・宅配にとって大切なリピーターが増えていくのです。

ポイント④行事や旬でシーズン性を打ち出す

どんなに素晴らしい販売促進ツールでも、自分に関係がなければお客様は見てくれませんが、興味や関心があれば、多少、販売促進ツールのできが悪くても、気になって見てしまいます。

たとえば、年末になると、クリスマスケーキやおせちのチラシをつい手にとってしまうように、生活に根づいている行事に関連したものには自然と目が行きます。習慣化していることやマスコミで取り上げられていることについてはお客様も敏感になっており、心が引かれるのです。

このように**行事があるときには関連性のある販売促進ツールを使えば**、お客様の注目度は高くなり、注文も大きく伸びていきます。

また、日本には四季があり、日本人は季節とともに変わる食材を楽しむ感性を持っています。お客様は旬がおいしいことを知っていますから、**旬の食材を使った商品を販売促進ツールで打ち出せば**、興味をそそり、目に止まりやすくなります。

また旬の食材は**季節が限られるために期間限定商品でもあり**、「限定」に弱い日本人の購買意欲を刺激する効果もあります。さらに既存のお客様に対しては、「旬」を打ち出すことで、飽きやマンネリ感を防いで店に対する鮮度感も保たれます。

販売促進ツールに行事や旬でシーズン性を打ち出すことは、日本人が共通に持っている意識に語りかける効果があり、注文に結びつきやすくなるのです。

4 売れる販売促進ツール8つのポイント 2

ポイント⑤想定客層に照準が合っている

商品が魅力的で、写真にシズル感があって、そこに季節感が加われば、売れる販売促進ツールになります。そしてそれを自店のターゲットとなる客層に合わせれば、さらに効果が高まっていきます。

扱う商品が違えばターゲットになる客層が変わり、同じ商品でも価格帯が違えば客層は変わってきます。たとえば寿司は、100円から数万円のものまであり、価格の幅がもっとも大きい商品のひとつです。そのため客層の幅も広く、どの客層を狙っていくかによって販売促進ツールのイメージも変わります。

3～4人の家族をメインターゲットにするのならば、家族で楽しく食べているシーンが想像できるように親近感を醸し出せば、販売促進ツールの反応はよくなります。

所得の高い中高年層をターゲットにするのであれば、高級感のある落ち着いたイメージ

にし、文字の大きさや読みやすさにも気を配ることで、お客様を増やすことが可能です。

それぞれの客層に合った販売促進ツールに仕上げれば、お客様からの好感度はアップし、「この店は自分に合っている」と身近に感じてもらえます。

ポイント⑥いろいろな角度から信頼性を伝える

これまでのポイントを踏まえて販売促進ツールをつくれば、お客様からの注文は増えていきます。しかし、まだ不安な点が残っています。それは多くの外食企業で問題になった産地偽装、原材料偽装、異物混入などの食品の安全性に関する問題です。

この問題がマスコミで取り上げられてから、お客様は食の安全・安心により強い関心を持つようになりました。この点についてお客様からの信頼を得るためには、店で使っている**食材の産地や銘柄を明らかにする**ことに加えて、それを保証するために**つくり手である店のスタッフの写真を掲載**すればより効果が出ます。

出前・宅配ではどんな人が調理して、誰が持ってくるのかがわからないので、スタッフの顔がわかるだけでも安心感はアップします。

これで相当ツールの完成度は高くなってきました。しかし、販売促進ツールはあくまでも売り手である店の宣伝のためのものですから、お客様は「どうせ店の都合のいいことしか書いてないだろう」と思っています。それを補うのが**「お客様の声」**です。

顧問先のアンケートでも、「『お客様の声』を読んで、いいかなと思い注文しました。本当にそのとおりでおいしかったです」という声が店にも多く届きます。ネットで店を探すときに、利用したお客様のコメントが参考になるように、紙媒体でも「お客様の声」は客観的な意見として、注文をするかしないかの判断材料になります。

また飲食店はオープンして10年続く店は10％に満たないというデータがありますから、長く商売を続けていることは、お客様から長く愛されている何よりの証です。「創業30年」など**営業期間が長い**ことが謳えるのであれば、それは大きな信頼感につながります。

ポイント⑦店舗と連動させる

チラシをまけば注文の電話は入るのですが、宅配専門店なのに「お店に行きたいんだけど、どこにあるの?」という問い合わせも少なからずあります。チラシにかなり目立つように「宅配専門」と書いてあっても、お客様は自分にとって必要だと思う情報しか見ていませんから、そのほかのことがどれだけ大きく表示されていても、認識しないのでしょう。

きっとそうしたお客様はおいしそうな商品が気になり、「宅配専門」のことは忘れて、店で食べたいと思って電話をするのだろうと思います。

このように出前・宅配用の販売促進ツールを見ても、店に行ってみたいと思うお客様もいますから、**出前・宅配を併設している店であれば、店の情報も載せるべき**です。販売促進ツールにスペースがなくても、最低限、**地図と住所と電話番号**だけあれば来店客は増えて、来店での売上げも伸びていきます。販売促進ツールのスペースに余裕があれば、さらにくわしい店の情報もどんどん載せましょう。出前・宅配が売れれば来店での売上げも伸びていくことが、出前・宅配を併設する大きなメリットのひとつです。

ポイント⑧注文がしやすい

販売促進ツールのなかには、商品の写真や説明書きは目立っても、肝心の電話番号が小さくてわかりにくいものがあります。電話番号は売上げの入口になるわけですから、大きくしておいたほうがお客様は注文しやすくなります。

また電話番号は1ヶ所だけでなく、要所ごとに表示するなど、**お客様が電話番号を探さなくてもすぐに注文できる**ようにしておくことも大切です。

さらに入口を広くするために、電話番号だけでなく、パソコンやスマートフォンからも注文できるようにしておきます。インターネットからの注文はパソコンよりもスマホからの割合が多くなっていますから、**ホームページもスマホ対応にする**ことは、これから非常に重要です。

そして、決済方法を現金だけでなくカードが利用できるようにして、販売促進ツールにクレジットカードのロゴを載せておけば、注文の入口も広がり、売上げもアップします。

出前・宅配はお客様のお宅で商品と引換えに現金決済をしますが、技術の進歩でカードリーダーがスマホに付けられるほど小型化したので、どこでも簡単にカード決済ができるようになりました。手持ちの現金がなくても注文できるので、**クレジットカードが売上げの底上げをしてくれる**ことは間違いありません。

この8つのポイントを押さえた販売促進ツールのノウハウは、紙媒体ではもちろんですが、ホームページなどのインターネットでも使えます。大切なことは、**どの販売促進ツールでも、店の主張や表現方法に統一性がある**ことです。それができていてこそ、お客様に伝わりやすく、安心して注文ができるようになります。

5 注文を増やす販売促進ツールの使い方

▼お客様を引きつける「セブンヒッツ理論」

広告や情報に3回接触すると、その商品やサービスを認知する確率が上がり、7回接触すれば、購入に至る確率が格段に上がるという「セブンヒッツ理論」というものがあります。この回数は商品や状況によって変わりますが、販売促進を行なううえで、ひとつの目安になることは間違いありません。

出前・宅配をはじめて間もないころは認知度が低いので、一定回数以上はお客様の元に販売促進ツールを届けることが必要です。また、開業してから年数が経過していても、定期的に販売促進をしていくことが売上げを安定させます。

以前のようにチラシやカラーメニューをまけば売れるほど、販売促進は簡単ではなくなっているので、ここでは紙媒体とインターネットの上手な活用方法について考えていきましょう。

▼ポスティングのメリットと業者選び

チラシやカラーメニュー等の紙媒体をお客様の手元に届けるための方法としては、主に新聞折込みとポスティングの2つの方法がありますが、それぞれに特徴があるため、地域性や配布時期などによって使い分けが必要です。

ポスティングは**配布する地区を細かく設定でき、ポストを開けた瞬間に手にとってもらえる**メリットがあります。1章に登場した老舗割烹のB店は、新しくできたカラーメニューを近隣地区にきめ細かく配布するためにポスティングを選択し、従業員が配布する地区と専門の業者に依頼する地区に分けて実施しました。

1ヶ月後にそれぞれのポスティングの成果を調べたところ、従業員がポスティングを行なった地区（自店ポスティング）のほうが、業者が行なった地区よりも2倍以上反応率（注文数÷配布数）が高かったことがわかりました。

自店ポスティングでは、配布エリアの全世帯にくまなく配布しましたが、業者のほうはマンションなど、ポスティングしやすい場所ばかりだったために反応率が低くなってしまったのです。

ポスティングしやすい場所は、他の業者も同様なので競合店のチラシも多く入ります。あまりに多くのチラシが入ってくれば、そのままゴミ箱に直行するケースもあり、これではどんなにいいカラーメニューをつくっても反応率は下がってしまいます。

自店ポスティングをすれば、**従業員が商圏内の状態や変化を知ることができ、反応率も上がる**のですが、商圏内すべてを自店で行なうことができるとは限りません。人件費を考えれば、自店ポスティングのほうがコスト高になってしまうため、ポスティング業者に依頼するほうが経費としては安くなります。

ただし、業者も様々で、先ほどのようにポスティングしやすい場所しかやらない業者もあれば、エリア全体にポスティングをしてくれる業者もあるので、費用が安いという理由だけで選ばずに、**業者がどのようにポスティングをしてくれるのか**を見極めたうえで依頼することが大切です。

▼新聞折込みの効果的な利用法

しかし、都心部ではセキュリティの関係でポスティングを禁止しているマンションが非常に多くなってきました。管理人のいない夜間にポスティングをして、住民からクレームがくることもあり、禁止マンションにポスティングをすると店の信用を落としかねません。

管理人に交渉して玄関先にカラーメニューを置かせてもらっている店もありますが、このような例はそれほど多くありません。

そんなときには、新聞折込みを利用します。新聞の購読率は年々落ちてきていますが、インターネットの調査では、年収700万円以上の家庭では、70％以上が新聞を購読しています。

都心部にある顧問先の店が新聞折込みをしたときには、新規客が1・8倍に増え、売上げも前年に比べて117％になったことからも効果があったことがわかります。

ほかにも新聞折込みのメリットとしては、**広範囲に同時に配布できる**ことがあげられます。お客様の購買意欲が高まる「お正月」「春のお祝い」「ゴールデンウィーク」「お盆」「七五三」「クリスマス」など、全国共通の行事があるときには、新聞折込みの反応率は上がります。

▼ホームページとポータルサイト

近年、「出前館」や「楽天デリバリー」などの出前・宅配専用のポータルサイトを、首都圏や関西圏、愛知や福岡などの人口の多い地域で利用するお客様が増え、加盟する店も増えてきました。

少額の売上げでよければポータルサイトだけでも出前・宅配をはじめることはできますが、加盟店が多くなればそれだけ競争も激しくなるので、売るためのノウハウを持っていないと注文が入りません。出前・宅配で月商100万円以上を狙うのであれば、**ポータルサイトに加えて、紙媒体による販売促進を併用する**ことをおすすめしています。

大手チェーンではポータルサイトのほかに、自社のホームページ（HP）からも注文できるようになっていますが、小規模店舗にとっては自店のHPから注文を受けるようにするには、コストがかかるために敷居が高く、ネット経由の注文はもっぱらポータルサイトに頼ることになります。

ですが、HPに受注システムがなくても、**HPを訪れてもらえれば、チラシやカラーメニューを見たのと同じ効果**が期待できます。

しかしHPは、待ちの媒体です。お客様が検索しない限り自店のHPにはたどり着きません。また必要な情報がなければすぐに別のサイトに移ってしまいます。検索したときだけでなく、多くのお客様にHPを訪れてもらうには、攻めのツールが必要です。

それがツイッター、ブログ、フェイスブック、インスタグラム、LINEなどのSNSです。SNSは定期的にチェックしている人が多く、店からの新しい情報をアップすれば気になった記事は見てもらえますから、そこからHPに誘導するようにします。

いったんHPをつくってしまえば、SNSは基本的に無料ですから、**継続的にSNSを続けていく**ことが、効果を出すもっとも確かな方法です。

6 イニシャルコスト・ランニングコストとしての販売促進費

販売促進量を増やせば、それだけお客様に見てもらえるチャンスも増えるのですが、販売促進費も経費です。売上げが増えればそれでいいと考え、やたらに販売促進費を使ってしまったら、利益を出すどころか赤字になってしまいます。

経営者としては経費を減らしながら、売上げを伸ばし、利益を上げていくことが求められます。販売促進は売上げに大きく影響しますが、どの程度の金額を使っていけばいいのでしょうか。

▼初期投資（イニシャルコスト）としての販売促進費の考え方

オープン時の販売促進の考え方は様々です。

出前・宅配をはじめて導入する場合や人員が充分に確保できていないときには、狭いエリアからコツコツと販売促進をしていくこともできますし、宅配の経験があって売上げを大きく伸ばしたい場合には、商圏全体に販売促進を大量に仕掛けることも可能です。

これはある宅配専門店がオープンしたときのことです。オープン前にカラーメニューのポスティングをし、オープン当日には新聞に折込みチラシを入れました。その後も2週間連続で週末に新聞折込みチラシを入れ、さらにその間にカラーメニューのポスティングも2回。オープン1ヶ月間で新聞折込みが3回、カラーメニューのポスティングも3回という大々的な販売促進を行ないました。

これだけ徹底すれば、販売促進費がオープン初月の売上高に対して大きなウエイトを占めることは確実です。それでもオープン時に多額の販売促進費をかけるのは、**オープン時はもっとも多く集客できるチャンス**だからです。

ひとりでも多くのお客様から注文があれば、それだけ店の認知度は高まります。また、競合店のお客様を奪えるまたとない好機であり、短期間で市場のシェアを獲得できるためです。

しかし、多額の販売促進費をかければ、税務会計上は単月の収支は赤字になってしまいます。そこで管理会計上、オープン時の販売促進費は経費としては考えずに、店舗設備などと同様に**新店舗をつくるための初期投資**としてとらえ、減価償却費と同じように、一定期間内に償却できればいいと判断してオープン計画を立てることもあります。

▼ランニングコストとしての販売促進費の考え方

宅配ピザのチラシは、月1回の頻度でわが家にもポスティングされており、有名なチェーンで長く営業していても、定期的にチラシが入ってきます。

「今日は疲れたな」「何を食べようかな」と思っているときに、自宅のポストにチラシが入っていれば、注文するきっかけになります。

出前・宅配は店舗のように店の前を通りかかったから、たまたま入ったというようなことはなく、注文を促すには何らかのきっかけが必要であり、それがチラシやカラーメニューです。

どんなに有名で長く営業していても、時間とともに店の存在は忘れ去られてしまいます。それを防いで売上げを伸ばしていくためには、**オープン後もランニングコストとして販売促進を継続する**必要があります。

ただ、販売促進に多額の費用をかければいいというものではなく、図4-4のように量を増やしても販売促進の効果は一定のところで止まり、少なすぎればまったく効果が出ません。

一般的にはオープン直後は販売促進費比率が高くなり、営業年数を重ねるにしたがって低くなっていきます。目安としては、1章2に登場したA店のように、オープンしてから

4-4 販売促進量と効果の関係

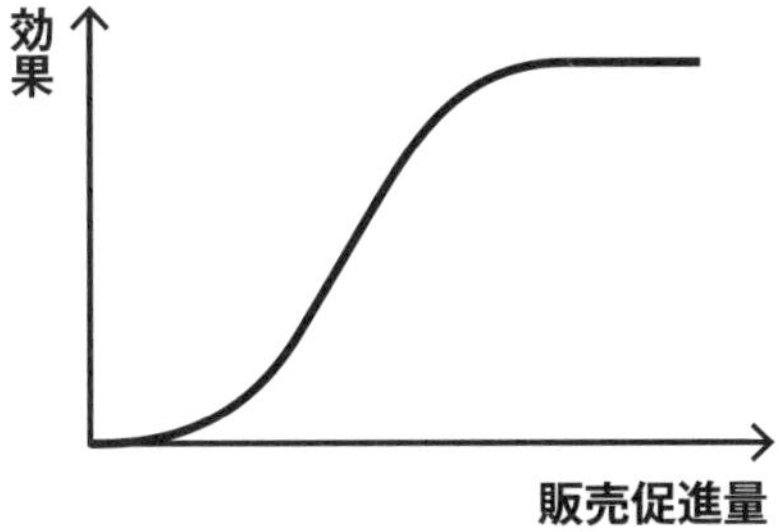

売上高対販売促進費比率（％）＝（販売促進費÷売上高）×100

販売促進費のなかには、販売促進ツールの制作費、配布料、DMなどの制作費および発送料、プロバイダー料金などが含まれます。

お客様が定着するまでは8～20％と高い比率になることが多く、営業年数を重ねてお客様が定着するようになれば5～8％、そして売上げが安定するようになってくれば、1～3％でも充分に売上げと利益を確保している店があります。

▼店の状況に合わせて販売促進を考える

しかし、販売促進費を削減することで売上げを下げてしまい、利益を減らしては元も子もありません。

顧問先のある店で、「既存客の比率も高くなってきたので、データ的にはチラシを減らして利益を増やす時期にきています」と提案したところ、「チラシの枚数を減らして、売上げが下がることは避けたい」と、社長は私の案については消極的でした。

そこである実験を行ないました。この店のチラシにはクレジットカードのロゴマークをつけていたのですが、それをやめたらカードの利用率がどのように変化するかを調査したのです。

しばらくたっても利用率は変わらなかったのですが、ある期間を過ぎたあたりから、カードの利用が少なくなりました。その結果を参考にチラシを配布する頻度を算出してみたところ、「販売促進費を前年の75％に減らしても売上げは今までの数字にはなるだろう」という仮説が導き出されました。

これに基づいて販売促進計画を見直したところ、ほぼ仮説どおりの結果になり、販売促進費は抑えられ、利益は増えたのです。

売上げを伸ばしていくためには販売促進は欠かせませんが、店の営業年数や既存客率、競合店との関係など、**店の状況に応じて売上高対販売促進費比率を考えていく**ことが、利益を伸ばしていくことにつながります。

5章

売上げ・利益を決める商圏設定

1 商圏の範囲は社長が決定する

▼店の性格によって商圏・来店頻度は違う

商品・品揃えと並んで売上げを決定づける大切な要素が、商圏の設定です。**商圏とは店舗に集客できる地理的範囲のこと**を言います。

来店型の店舗では業種や立地、店舗規模などによって、ある程度商圏は決まってきます。よく知られているところでは、コンビニは半径５００m、人口３０００人が一般的な商圏です。買ってからすぐに消費する商品がメインの業態ですから、遠くまで買い物に行く必要はないため、購買頻度が高く、小商圏で商売が成り立ちます。

一方、デパートは半径30㎞以上、人口30万人が商圏だと言われています。高額な商品を扱っているため購買頻度が低く、遠くからもお客様を集めなければ商売にならないので商圏は広くなっています。

飲食店においても、ミシュランのガイドブックに掲載されているような客単価3万円前

後の高級店では、来店頻度は低くなりますが、東京に店があるにもかかわらず、わざわざ地方から来店するお客様もいて商圏は非常に広いのです。

同じ飲食店でも、一般的なそば屋さんは、近所に住んでいる人か会社勤めの人がお客様ですから、商圏は狭いのですが、毎日来店するお客様もいて来店頻度は高くなります。

▼来店型は的確な商圏の把握が大事

しかし、来店型の店に「お客様は、どの範囲から来店していますか」と尋ねると、「ずいぶん遠くからも来ていただいていますよ」とあいまいな答えしか返ってこないことが多いのです。

お客様が店に来てくれれば、どこから来るのかを意識しなくても商売ができるため、自店の商圏を把握しなくてもすんでしまいます。

1章2に登場した焼肉店でも、商圏についてはあまり深く考えていませんでした。ところが、「お客様アンケート」を実施して顧客名簿をつくったところ、お客様の住所が特定のところに集中していることに気づき、地図上に印をつけていくと、次ページの図5−1のように最寄駅から1〜2駅先周辺からのお客様も多いことがわかりました。

それまでは近隣だけにポスティングをしていたのですが、隣駅の周辺にまで広げてみると

5-1　焼肉店の商圏

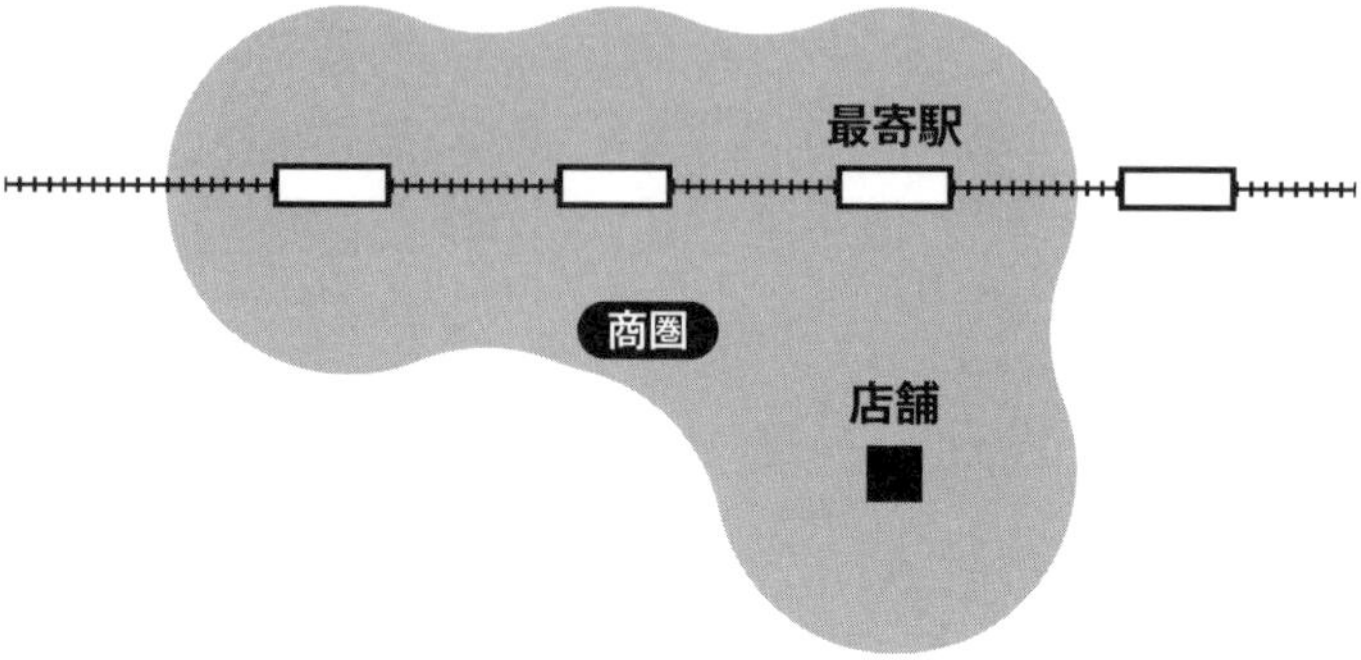

新しいお客様も増えて、売上げが伸びていきました。

このように商圏を把握することはどんな商売でも大切ですが、この焼肉店がそうであったように、来店型の場合は予想をしていなかった地域からもお客様が来店するため、必ずしも店側が考えたとおりの商圏にはなりません。

▼出前・宅配の商圏設定のセオリー

ところが出前・宅配の場合は、販売促進をする範囲がそのまま商圏になりますから、**社長自身が商圏を自由に決めることができる**のです。広く商圏をとってもかまいませんし、狭い商圏に限定して効率よく出前・宅配を行なうことも可能です。

デリバリーの都合がいい地域が北東の方向であれば、その地域だけを商圏にしてもいいのです。

前出の老舗割烹のB店のように、はじめは狭い商圏から出前・宅配をスタートして、少しずつ商圏を広げながら売上げを伸ばしていくこともできます。

ポスティングはもちろんのこと、新聞折込みを行なう場合でも、配布するエリアを細かく設定できるようになってきました。

また「出前館」などのポータルサイトでは、デリバリーする範囲を町丁目単位で指定できるため、社長の思うとおりに商圏を設定できるのですが、それを制限してしまう要因がないわけではありません。

いくら自由に商圏を設定できるとしても、店から半径20㎞という商圏では、デリバリーに時間がかかりすぎるために出前・宅配としては広すぎます。

1章4の和食店C店のように周囲を山に囲まれていれば、広く商圏をとりたくても地理的にそれはできません。

またB店は東方向に一級河川が流れており、対岸に渡るための橋が少ないので渋滞しやすく、デリバリーに時間がかかってしまうために、河川を境に商圏を区切っています。

線路や幹線道路などがあっても同様のことが起こるために、その先の地域を商圏から除外することもあります。

こうした**地理的条件が商圏の境界になることが多く**、商圏は図5-2のようになること

5-2 老舗割烹B店の商圏

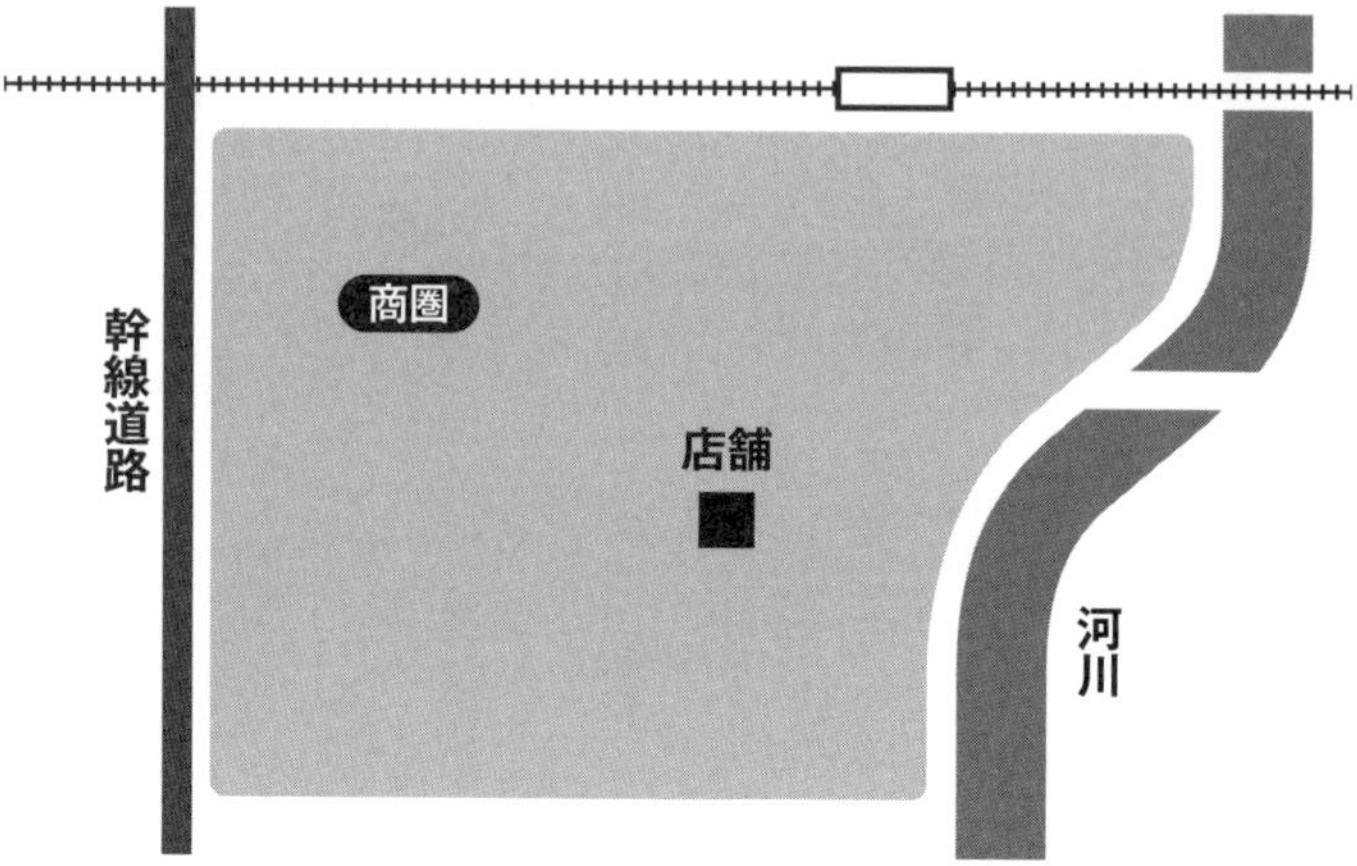

がほとんどです。

商圏を考える場合には、市販の地図の上に自店に印をつけて、そこを中心にして半径1㎞、2㎞、3㎞と円を描いていくことがスタートです。この作業をするだけでも商圏が見えてきます。

次項から具体的な商圏の設定方法について考えていきます。

２ 儲かる商圏の具体的な設定法

▼「時間距離」を実測する

出前・宅配の商圏は半径２km、配達時間15分がひとつの基準と言われています。実際に地図に店から半径２kmの円を描いてみれば、商圏の目安を立てることができます。

私がコンサルティングを行なったある地方都市の店も、この原則に従って半径２km圏を自店の商圏としていました。売上げは商圏内の世帯数からすれば標準以上だったのですが、店のオーナーは「もっと売れてもいいはずなんだが……」と不満そうでした。

商品、品揃えや販売促進も充分なレベルに仕上がっており、オペレーションや接客対応も基準以上になっていたので、売上げを伸ばすために商圏を広げることを考えました。

まずは現状を把握するため、バイクで東西南北にそれぞれ15分走ったらどこまで行けるのかを実測すると、今まで想定していた半径２kmの範囲よりも遠くまで走れたのです。

南は踏切があって１・８kmまでしか行けませんでしたが、東は３km、西は２・７km、北は

2・2㎞まで商圏を伸ばせることがわかりました。

そこで販売促進する範囲を地図上の2㎞から、15分でデリバリーできる場所まで広げたところ、オーナーが想定した以上に売上げを伸ばすことができました。

オーナーは、「なるほど。地図だけではなく、**実際に走って商圏を決める**ことが大切なんですね」とすっきりした表情で語ってくれました。

商圏を設定する場合には、まず地図上での距離を参考にして大枠を決めていきますが、デリバリーをするうえでは距離ではなく、**店からお客様のところまでの所要時間のほうが大切**です。都心部では、渋滞や一方通行があって15分走っても2㎞先に行けないこともありますが、地方なら余裕で4㎞先まで走れることも珍しくありません。

出前・宅配の商圏は、一次的には距離で計算し、正確に設定するには、**店から一定の時間に行くことのできる「時間距離」を実測**して決定します。

▼利益が出るデリバリー商圏を算出する

時間距離では10〜15分が、出前・宅配の商圏の標準のように言われますが、本当にそれで決めていいのでしょうか。多くの社長や店長が、「注文金額が5万円であれば、1時間かけても行きますよ」と言っているように、15分にしばられることはありません。

5-3　商圏設定のための計算式①

$$売上高対デリバリーコスト率(\%)=\frac{デリバリーコスト}{売上高}\times 100$$

15分で届けられる商圏では、往復30分、1時間に2件の配達が可能。1回当たりの平均注文単価（以下注文単価）が2000円とすると1時間4000円の売上げ、デリバリースタッフの時給が1000円ならば、デリコスト率25%。この場合、時間距離が10分ならば1時間に3回の配達が可能。売上げは6000円になるため、デリコスト率は16.7%。15分商圏で注文単価が5000円なら、1時間で1万円の売上げとなり、デリコスト率は10%まで下がる。

ただ、デリバリーコストがかかりますから、遠くまでデリバリーに行くことによって売上げが得られても、コストがそれ以上にかかってしまっては商売をしている意味がありません。

出前・宅配で商圏の時間距離を考える場合には、計算式5-3のように、**売上高対デリバリーコスト率**が大いに関係してきます。

1回当たりの平均注文単価が低ければ近隣エリアが中心の商圏になりますし、1回当たりの平均注文単価が高ければ、より遠いところまでデリバリーできます。

▼時間距離による商圏設定

デリバリーコスト率はひとつの目安にはなりますが、このままでは時間距離での商圏設定はできません。それを算出するために計算式5-4**「時**

5-4　商圏設定のための計算式②

$$時間距離（分）＝\frac{1回当たりの注文単価}{30}\times\frac{100}{1時間当たりのデリバリーコスト}$$

注文単価が3000円の店で、デリバリーコストが1000円であれば、時間距離は10分になる。注文単価が5000円で、デリバリーコストが900円ならば、時間距離は18.5分まで長くなる。

間距離による商圏設定式」というオリジナルの公式を作成しました。

この公式を使えば簡単に片道の時間距離が算出できますし、確実に利益が出る設定になっているので、新たに商圏を設定する場合だけでなく、現在の時間距離が妥当であるかどうかの判断にも役立ちます。ただ、この公式はデリバリーコスト率が理想の値になるように設定してあるので、これよりも若干商圏を広くとっている店が多くなっています。

▼商圏の世帯数が基準

商圏は時間距離だけでなく、商圏内の人口や世帯数も売上げに大いに関係があります。では、出前・宅配の場合、人口と世帯数のどちらを基準にすればいいのでしょうか。

ピザや寿司などのように大勢で食べる機会の多いも

5-5 商圏設定のための計算式③

$$\text{1万世帯当たり売上高} = \frac{\text{売上高(円)}}{\text{商圏内世帯数(万世帯)}}$$

のは、世帯数が基準になるのは容易にわかるでしょう。

しかし、単価の比較的安い日常食の場合でも、家族が2人以上いてひとりだけが出前・宅配を注文することは少ないので、やはり**出前・宅配は世帯数を基準**として考えます。

高い売上げを目指すならば、商圏内の世帯数もそれだけ多く必要になります。**宅配専門チェーンは8~15万世帯をひとつの商圏として設定**しています。ですが、商圏内の世帯数が多ければいいわけではありません。大切なのは一定の世帯数でどれだけの売上げを稼ぐかです。

それを表わしたのが計算式5-5の「**1万世帯当たり売上高**」です。この値が高ければ、効率よく儲かる出前・宅配ができていることになります。

1章の和食のC店のように、1・5万世帯の商圏でも、月商で300万円を超えることができれば、狭い商圏でも充分に利益が出ます。

扱う商品や地域性にもよりますが、**商圏内の世帯数が1・5万世帯以上あれば、出前・宅配は充分に成り立ちます。**

3 売上げを左右する商圏内の変動要素

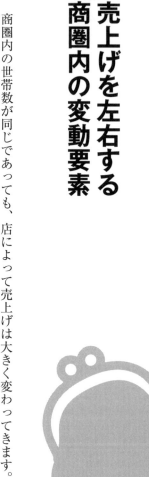

商圏内の世帯数が同じであっても、店によって売上げは大きく変わってきます。前項で述べた「1万世帯当たり売上高」が月に200万円を超える店がありますし、一方で、15万円を下回る店もあります。

1万世帯当たり売上高がこれだけ違っているのは、これまで述べてきたように、自店の魅力がお客様に伝わっていないこと、商品や品揃えが今ひとつであること、そして販売促進もうまくいっていないことが主な原因です。しかし同じチェーンで、商品、販売促進も同じであるにもかかわらず、売上げに差が出ているケースもあります。

▼競合店の数と質

ある宅配チェーンには、商圏が比較的近くにあって、対象とする世帯数もほぼ同じようなX店とY店がありました。しかし、Y店の売上げはX店の6割程度だったのです。

そこでチェーンの社長は、「あいつなら、Y店の売上げを伸ばしてくれるだろう」と、チェーン内でもっとも実力のある店長を配置してみましたが、売上げはなかなか伸びていきません。

その理由のひとつに**競合店の多さ**がありました。Y店の商圏は、同業の宅配店が8店あって競争が熾烈な地域です。ある競合店は値引きを頻発し、他の競合店は大量のポスティングで攻めてきます。競合店がたくさんあれば、どんなに売れる市場であっても、1万世帯当たり売上高を伸ばしていくのは簡単なことではありません。

競合店の数は少なくても、強力な競合店が存在する場合もきびしい戦いになります。その最たる例が宅配ピザです。「ピザーラ」「ドミノ・ピザ」「ピザハット」の大手3社で市場シェアの72%を占めており、東海や九州には地域に根ざしたローカルチェーンもあります。大手3社とローカルチェーンで市場は寡占化されているため、同じ宅配専門では、大手の知名度、販売促進力には到底かないません。商品を低価格にしたところで、大手チェーンは半額セールなどで徹底的に対抗してきます。**低価格戦略は資本力をバックにした大手が採用する戦略**ですから、中小店が行なっても勝ち目はありません。

▼独自の客層・価格帯で勝負する

同業種で価格帯が同じであれば、対象となる客層もほぼ同じであり、大手チェーンが圧倒的に有利です。宅配ピザチェーンを日本に持ち込んだ、ある創業者の方自身が、「宅配ピザに今から新規に参入するのは愚の骨頂だよ」とおっしゃっているくらいです。

このように宅配ピザ市場に参入することは避けたほうがいいのですが、ピザの宅配では、もう売上げは見込めないのかと言われれば、決してそんなことはありません。

客層や価格帯が異なれば同じピザでも市場は変わってきます。宅配ピザは短時間で届けてくれてとても便利ですが、すべてのお客様が満足しているわけではありません。**イタリアン・レストランが石窯で焼いた本格的なピザを宅配**すれば、それを望んでいるお客様が存在し、新しい市場ができていくのです。

▼宅配専門店VS地元老舗店

他にも、宅配寿司の市場シェアは「銀のさら」1社で50％を占めていると言われています。しかし、これは宅配寿司に限ったことで、宅配専門店でない一般の寿司店が行なっている出前の売上げは含まれていませんから、戦える余地は充分に残っています。

ある宅配寿司の経営者は、**「我々の強敵は同じ宅配専門店ではなく、地元の老舗だ」**とおっしゃっていました。

宅配ピザはアメリカから輸入され、それまで日本には存在しなかったものですから、大手3社が新しく日本に宅配ピザの市場をつくったと言っても過言ではないでしょう。しかし、寿司の出前は江戸時代からあり、日本人の生活の中に定着しており、それぞれの地域に老舗店があります。

4章の販売促進でも述べたように、長年営業を続けている老舗には、その地域における知名度と信用があり、お客様の食の好みをよく知っています。このような店が、ひとたび1章で紹介した老舗割烹のB店のように出前に力を入れてくれれば、形勢は一気に逆転して、宅配専門店にとっては非常に手強い競争相手になることは確実です。

見方を変えれば、老舗が出前・宅配を積極的に行なえば、売上げと利益は伸ばせるということです。

▼商圏の地域特性

商圏内の競合店だけでなく、商圏の特性も1万世帯当たり売上高に大きな影響をおよぼします。チェーンの募集では、「どの地域でも世帯数が変わらなければ潜在的な需要は変わらない」と書かれていますが、全国各地でコンサルティングをした私の経験から言えば、収入の違いによって需要は大きく変わってきます。

厚生労働省の2014年の「賃金構造基本統計調査」によると、東京都の平均年収は

613万円、神奈川県は544万円、青森県は344万円です。これだけ年収が違っていれば需要に差が出るのは当然です。

事実、出前・宅配では東京都と神奈川県にある店が高い売上げを示しています。総務省統計局の統計データを調べれば、出前・宅配で扱う商品の地域別年間消費額がわかりますし、地域別、町丁目別の世帯数や事業所数、住居形態なども把握でき、商圏を調査するうえでは大いに参考になります。

この仕事を長く続けていると、データでは出てこない地域の特性もわかってきます。

山間部と沿岸部では売上げの傾向に違いがありますし、マンションの多いエリアと古くからの一戸建てが多いエリアでは、売上げに差が出てきます。マンションでも賃貸か分譲か、分譲であればその価格によっても差があります。保有する車種によっても注文の頻度が変わり、商業施設や商店街などへの距離にも影響を受けるのです。

同じ世帯数がある商圏でも1万世帯当たり売上高に差が出るのは、競合店の数と質が大きく関係してきます。また地域特性や所得の差なども影響をおよぼします。**商圏の状況を把握したうえで、商品や価格帯などの商品戦略とともに商圏戦略を考えていけば**、出前・宅配で売上げと利益を伸ばしていくことができます。

4 「店の独自性」で売る都市型と「併設型店舗」で売上げを伸ばす地方型

▼幅広い客層を持ち、競合店がひしめく都市圏

首都圏、関西圏、名古屋圏などの大都市圏や札幌、仙台、広島、福岡などの中核都市圏は、**半径２kmで８万世帯どころか、場所によっては10万世帯を超える**世帯を対象に出前・宅配ができる非常に魅力的な商圏です。

しかし、魅力のあるところには必ず競合店も数多く存在します。「出前館」でデリバリーをしてくれる店を弊社の事務所がある東京・銀座で探すと、中華26店、弁当52店、カレー27店、寿司12店、ピザ7店がヒットします。これだけ見ても、非常に多くの店が出前・宅配の市場に参入していることがわかります。

都市圏は世帯数や企業数が多いうえに、所得層の幅も広く、それぞれの階層の人口も多いため、様々な種類の出前・宅配が可能です。前項で述べたように、同じ商品でも価格帯が違ってくれば、対象となる客層が違ってきます。寿司ではオーソドックスな一人前

１５００円の宅配寿司もあれば、一人前４０００円を超える本格的な江戸前寿司の出前で売上げを伸ばしている寿司店もあるほどです。

また、都市圏では夜遅くまで活動している人も多く、同じお客様でも、帰りが遅くなって食事を簡単にすませたいときには、早く届けてくれる宅配ピザを利用し、家族で誕生日を祝う日には本格的なピザの宅配を選ぶなど、お客様はそのときどきの状況によって注文をする店を変えています。

▼定番商品でも宅配専門でも、他店にない魅力をアピール

対象となる人口・世帯数が多い都市圏は、出前・宅配には適した立地ですが、高い売上げを目指すのであれば、非常に多い競合店のなかから選ばれるように店の魅力や独自性を高め、価値ある商品を提供することが必要です。

独自性は、商品だけにとどまらず、販売促進や、配達時間の短縮などでもかまいません。それが日本一ではなくても、**商圏内で競合他店にない魅力ならば充分**です。

扱う商品は定番のピザ、寿司、中華、トンカツ、カレー、釜飯などのほかにもサンドイッチ、ハンバーガーなど、幅広く扱うことができます。

出前・宅配を店に併設するのであれば、エスニック料理などの**一般的には出前・宅配に**

向かない商品を扱うことができるのも、世帯数が多い都市圏の魅力です。

もちろん、定番の商品で効率よく売上げを伸ばしていくこともできます。弊社のクライアントのなかにも、出前・宅配を併設して1万世帯当たり月間売上高が１８０万円を超える店もあります。

宅配専門店にも、売上げの高い店が都市圏には数多くあります。ピザや寿司のように単一品種だけで経営をしている場合もありますし、最近はピザにパスタ、寿司に釜飯などの複数の商品群を扱って、売上げを伸ばす店も増えてきています。

都市圏の特徴としては、忙しく時間に追われている人が多いため、一般家庭でも**早く届けることと配達時間を厳守すること**が非常に重視されます。とくに企業向けの出前・宅配では、ランチタイムに5分遅れただけでも次から注文が入らなくなってしまうほどです。注文が集中する時間帯には、早くそして時間どおりに届けられるように、調理・配達等のオペレーションのしくみをしっかりとつくっておくことが必要です。

▼地方では来店型店舗に出前・宅配を併設する

地方の場合は、都市圏と比べて対象となる世帯数が多くありません。また、競合店もそれほど多くなく、来店型の同業種の競合店はあっても、出前・宅配での競合は少なく、1

章4で紹介した和食のC店のように競合店がまったくない地域もあります。

そのため、出前・宅配を本格的に導入すれば、商圏内の市場を寡占化することも可能です。地方では、店があることが安心感や信頼感にもつながりますし、店それ自体が広告塔になるため、出前・宅配を店に併設して売上げと利益を伸ばしている成功例が数多くあります。**地方でのおすすめの経営形態は、店に出前・宅配を併設すること**です。

1章で述べたように、店の売上げに100万円がプラスされれば営業利益が大きく増えます。さらに、競合店が出てくる前に出前・宅配を本格導入すれば、1万世帯当たり月間売上高が200万円を超える可能性も充分あります。

▼定番商品を中心に複数の商品群を扱う

扱う商品は、ピザ、寿司、中華、トンカツ、釜飯などの**定番商品が中心**になります。保守的なお客様も多く、世帯数が多くないため、出前・宅配に向かない商品を扱っても売上げを伸ばすことはむずかしいでしょう。

クライアントのなかには、商圏内の世帯数が3・5万世帯にもかかわらず、個人経営の宅配専門店で1万世帯当たり月間売上高が130万円を超えている店もあります。

しかし、世帯数が少ない場合には、複数の商品群を扱わないと宅配専門での経営はきび

5-6 都市型商圏と地方型商圏の比較

	都市型商圏	地方型商圏
商圏内世帯数	多い	少ない
客層	広い	ある程度絞られる
扱う商品群	定番以外も幅広く可能	定番商品
経営形態	店に併設	店に併設
	単一商品宅配専門店	複合型宅配専門店
	複合型宅配専門店	
訴求内容	独自性・店の魅力	信頼感（独自性）
販売促進	ネット・紙媒体	チラシなどの紙媒体
配達時間	非常に厳格	やや緩やか

しくなります。

配達時間は、都市圏ほど早く届けることは要求されませんが、約束の時間を守ることは地方型でも大切な課題です。

来店型店舗に出前・宅配を併設すると、店にお客様が来る時間帯も出前・宅配の注文が入る時間帯も同じですから、出前・宅配の専任担当者を置くなど、オペレーションが混乱しないような対策が必要になります。

都市型商圏と地方型商圏の2つに大きく分けましたが、一概に都市型、地方型と言っても、商圏には様々な特性があります。自店の商圏内の特性を理解し、表5-6と比較してみるといいでしょう。

5 経費を抑えて売上げを伸ばすエリア分析

▼売上不振店の原因を探る

競合店が多くて苦戦をしていた、本章3で紹介した宅配チェーンの社長から、「割引も使いたくないし、大量のポスティングも予算的にきびしいのですが、ほかに売上げを伸ばす方法はありませんか」と相談がありました。

このチェーンはどの店のアンケートを見ても「ほかの宅配店よりもおいしい」という意見が多くあり、お客様の評価が高いのですが、Y店ではその評価が売上げに結びついていませんでした。

そこで、売上げが伸び悩んでいる原因を探るための資料として、過去数年間のエリア分析表を出してもらうようにお願いしました。エリア分析表とは、どこのエリアからの注文が多くて、どこのエリアからは少ないのかを把握するためのデータで、エリアごとの販促量と注文数を記録した一覧表です。

数年分のエリア分析表を見比べてみると、あるエリアからの注文数が急減していることがわかりました。注文数が減っているため、ポスティングの量も減らしていたのですが、販売促進量が減少していることよりも、**競合店の影響を受けている可能性が高い**のではないかとの仮説を立てました。

▼効率的なポスティングの成果

そこで、注文が急減しているエリアに集中的にポスティングすることを提案すると、社長は、「できることは何でもやってみて判断しましょう。でも販売促進費は今以上にかけないのが前提です」と条件つきながら即決されたので、注文数の少ないエリアへのポスティングは思い切って中止し、注文数が急減したエリアに集中投入することにしました。

1ヶ月後、エリア分析表を見てみると、ポスティングを集中させたエリアからの注文数は増えており、ポスティングを中止したエリアからの注文数も減っていませんでした。

この結果を見て、「エリア分析は素晴らしい。全店でやろう。これを使えばエリア対策もしやすくなるから」と社長は全店での導入を決めました。

そして、売上げが好調なX店がエリア分析を導入した結果、ポスティング量を減らすことができ、販売促進費比率を2％削減できました。X店は月商が500万円だったので、毎月10万円、年間で120万円の増益になりました。

▼年間を通しての反応率でエリアの状況を見る

エリア分析の基本は、チラシやカラーメニューをポスティングした後、エリアごとの注文数を分析して、今後のポスティングなどの販売促進に活用することです。

その判断の基準となるのが反応率であり、**注文数をチラシなどの配布枚数で割って計算**します。チラシを1000枚ポスティングして注文が16件入れば反応率は1・6%、同じく1000枚で注文が3件なら反応率は0・3%です。反応率が高ければ高いほど、そのエリアは効率のいいエリアということになります。

通常は1ヶ月単位で分析を行ない、1年間継続することで各エリアの状況がわかってきます。どんな商品にも季節変動があり、日常食でも月によって売上げの変動率は±20%程度あります。季節変動の大きい寿司などのハレの日需要の商品は、月によって3倍以上売上げに差が出ることもあるため、**年間を通してエリア分析をすることで、エリアの状況が把握できる**のです。

年間を通してみると、販売促進を行なうとすぐに注文が入るエリアもあれば、しばらくしてからやっと注文が入るエリアもあります。どれだけポスティングをしてもまったく反応しないエリアもあれば、一度行なうと効果が持続して注文が入ってくるエリアもあって、興味深い分析結果が得られます。

時期によってもエリアごとに注文の入り方が変わり、毎月コンスタントに注文が入るエリアもあれば、特定のときだけに注文の入るエリアもあります。

時期とエリアを組み合わせて考えていけば、必要なときに必要なエリアにポスティングができ、効果的なポスティングができるようになります。

▼エリアは常に変化している

しかし、1年間だけエリア分析をすればそれでいいかと言えば、決してそんなことはありません。新しくマンションや分譲住宅が建つこともあれば、今まであったアパートが取り壊されてコインパーキングに変わってしまうこともあります。

商業施設ができたり、区画整理が進んで道路の整備が行なわれれば、エリアの状況は一変します。また、古くからの住宅地では世代交代が進み、世帯主が代わることもあって、エリアの状況は絶え間なく変化し続けています。

だからこそ、商圏内を実地に観察をしてその変化を知ることが必要なのです。

▼売上げ・利益増大のためにエリア分析を活用する

商圏内を知り、定期的にエリア分析を行なって、ポスティング計画を立て、結果を分析して修正していくことが、出前・宅配で売上げと利益を伸ばすためにはとても有効です。しかし、私がコンサルティングに入る前に、エリア分析を活用していた店はほとんどありませんでした。その理由は、エリア分析という名前は知っていても、その活用方法がわからなかったためです。

ですが、エリア分析を行なって、ポスティングなどの販売促進計画に活用すると、売上げと利益に直接結びつくことが実感できるため、コンサルティングを行なった店のほとんどが、以後エリア分析を継続的に行なっています。

商品や品揃えの見直し、新たな販売促進ツールを制作するなどの大きな変化はありませんが、地道にやり続けることで、売上げ・利益に貢献するのがエリア分析とその活用なのです。

出前・宅配は来店型とは違って、注文があれば自動的にエリアごとのデータが蓄積されていくため、**データを活用すれば売上げも利益も伸ばすことができる**のです。

6章

売上げ・利益を永続させるリピーターづくり

1

1回だけの注文で終わる悲劇的なお客様の割合

▼3分の2のお客様は1回しか注文がない

「あなたの店で、1回だけの利用で終わってしまうお客様の割合を調べたことはありますか?」と個別相談で尋ねることがありますが、意外に把握していない店が多いのです。

来店客の場合にはデータが取りづらいのですが、出前・宅配であれば宅配用のパソコンソフトがあればすぐに調べられます。日常食とハレの日需要の食事では多少比率が違ってきますが、平均的には1回だけの利用で去ってしまうお客様の割合は、3分の2にも達しています（図6-1）。

過去にもっとも悲惨だった割合は、8割のお客様が1回だけの利用で、2回目以降も利用しているのはたった2割だけだった店がありました。こんな状態が続けば経営はきびしくなるばかりです。

元来、販売促進は1回だけ利用するお客様の獲得を想定しているわけではなく、何度も

6-1　注文回数別顧客数の構成比

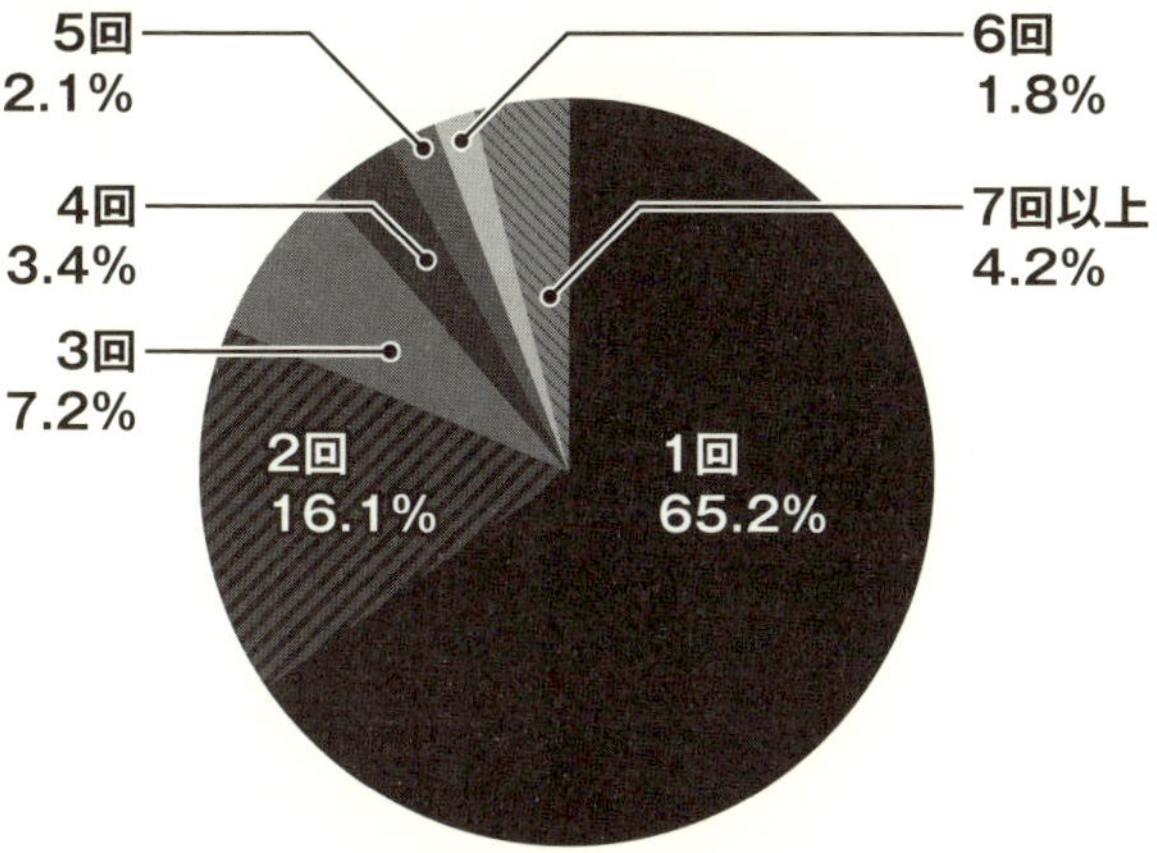

リピートしてくれることを前提に行なっています。たとえば、1枚6円（印刷代・配布料込み）のチラシを1000枚配布して、新規客が3名、注文単価が5000円だとすれば、新規客を獲得するための費用が6000円で、売上げは1万5000円です。販売促進費比率は40％に達します。

もし、1回だけの注文で終わってしまえば販売促進費がかかりすぎて、利益が出ないどころか赤字になってしまいます。

単純計算ですが、2回目も注文してくれれば販売促進費率は20％になり、3回ならば13％にまで下がります。

▼お客様が店名を覚えていない悲劇

1回だけでなく、2回目にも注文していただくためには、お客様に店名を覚えてもらうことが必要です。お客様が店に来てくれれば、一定時間は店内にいるので、視覚的な刺激もあり、スタッフと会話もしますから、店名を覚えてもらいやすくなります。たとえ店名を覚えていなくても、「あの交差点の角にある店だった」と場所は覚えていますから、再来店することはできます。

ところが、出前・宅配では、来店と違ってお客様と接する機会は少なく、時間も短いのです。お客様と接する機会は注文時の電話応対と配達時のたったの2回、インターネットからの注文であれば、配達時の1回だけです。そして、それぞれが非常に短時間です。

そのためお客様の印象に残らず、店名さえも覚えてもらえないことがあります。それを象徴するかのような出来事がありました。

お客様からある店に電話があり、「この前、頼んだときにおいしかったから、また同じものをお願いしますね」と言われて、宅配用のパソコンで注文履歴を調べてみると、そのお客様のデータが見つかりません。

以前に注文した商品名を確認してもはっきりしないので、商品の内容を聞いてみたところ、この店では扱っていないことがわかりました。きっとライバル店と勘違いしているのだろうと思って、そのことをお客様に伝えると、「じゃあ、いいわ」と一方的に電話を切られてしまったのです。

▼2回目を注文してくれれば売上げは大きく伸びる

おそらくライバル店に注文して満足したお客様が、ライバル店の名前を忘れてしまったために、同業店のチラシを見て電話をしたのだと思われます。

どんなにおいしくても出前・宅配の場合は、お客様の自宅や会社など、普段の生活空間で召し上がるため、視覚的な変化がなく、刺激がありません。店のスタッフと会話をすることもないので、印象に残りにくく、店名を覚えていないことも多いのです。

約束の時間に遅れれば悪い印象が残りますが、宅配時間を早めて、感じのいい接客をして好印象を持ってもらったとしても、注文したときから時間がたてばたつほど、店のことはお客様の記憶から薄れていってしまいます。

次の注文につなげるためには、チラシやカラーメニューを配布したり、インターネットやSNSを活用することも大切ですが、**店の魅力を伝えてお客様の記憶に長くとどめ、思い出してもらうためのアプローチが必要**です。

今までのコンサルティングの経験から、1回から2回に注文する割合を数%引き上げれば、売上げは大きく伸びることがわかっています。それだけ、**1回目だけで注文を終わらせないしくみをつくっていく**ことが重要なのです。

▼「新規客の獲得」と「リピーター化戦略」

一定の商圏内で商売をする出前・宅配にとっては、1回から2回に、さらに2回から3回、3回から4回と何度も注文してくれるリピーターをできるだけ増やしていくことが、大きな経営課題なのです。

「新規客を獲得する費用は既存客を維持する費用の5倍かかる」とよく言われますが、既存客からの注文を増やすことができれば、販売促進費を下げながら売上げを安定的に伸ばすことができます。

出前・宅配のしくみをつくりあげて、売上げが大きく伸びるときには、新規のお客様が増えていくと同時に、既存のお客様からの再注文も増えていきます。また、**売上げの大きい店は既存客比率も高く**、ひとりのリピーターからの注文回数も多くなっています。

お客様のリピーター化戦略は、販売促進戦略の一部として扱うこともできますが、出前・宅配ではリピーターづくりが、売上げにも利益にも大きな役割をはたすために、あえて分けて考えることにします。

「新規客の獲得」と「リピーター化戦略」は、出前・宅配で売上げと利益を伸ばす両輪なのです。

2 記憶に残り信頼感を高めるコミュニケーション

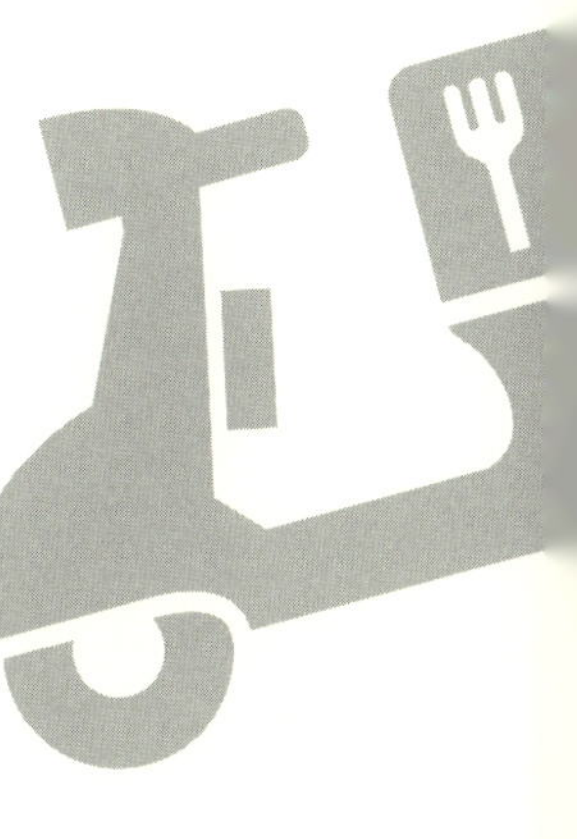

▼ニュースレターで「おいしさ」の理由を伝える

お客様が召し上がったときに、「あー、おいしかった」と思ってもらえることはもちろん大切ですが、残念ながらそれだけは印象に残りません。では印象に残るのは、いったいどんなときでしょうか。

店に行けば、スタッフがおすすめ料理とともに、おいしい理由も教えてくれます。お客様はそれを聞いてから注文することも多いでしょう。

おすすめ料理を食べてみて、本当においしければ、「なるほど、スタッフさんが言っていたとおりだ。だからおいしいんだね」と具体的な理由がわかるので納得度が深まり、単純においしかったときよりも記憶に定着しやすくなります。

また、おいしい理由がわかれば他人にも説明しやすく、口コミにもつながります。

ところが出前・宅配では、「商品がおいしい理由」を注文の際にも、またデリバリースタッフがお届けしたときにも説明することができません。それをカバーするためのひとつの手段として、**「ニュースレター」の発行**があります。

お米がおいしいとお客様から言われている店では、「当店のお米は、山と緑に恵まれた地域で生産されています。この地域は畜産も盛んで、農家では畜産農家から堆肥をもらって稲を育て、その稲わらや籾殻を畜産でまた利用する、地域に根ざした昔ながらの循環型の農業を行なっています。収穫されたお米も田んぼのあぜの『はざ』に一束一束かけて天日乾燥させるため、お米本来の味と香りが残ります」と店のこだわりとともに、おいしい理由を具体的に伝えています。お客様にも「だから、おいしいんだ」と納得していただけるので、店のことが記憶に残りやすくなります。

▼ニュースレターでお客様の共感を得る

出前・宅配は、お客様との接点が少ないために、店のことをお客様はほとんど知りません。それを補うのがニュースレターです。

チラシやホームページでは言い切れなかった店のこだわりや素材の素晴らしさを伝えていくことはもちろんですが、社長や店長、スタッフの想いや人間性、プライベートのことなどを伝えると親近感がわき、ファンになるお客様も増えていきます。

6-2　ニュースレターの例①　歳時記で年中行事を紹介

[redacted]第28号

[redacted]

8〜9月の歳時記

8月4日	**箸（はし）の日** 8(ハ)4(シ)の語呂合わせです。正しい箸の持ち方と食文化を考える日です。
6日〜20日	**第９３回全国高校野球選手権大会** 白球を追いかける真剣な姿が胸を打ちます。がんばれ！[redacted]東北代表。
13日〜16日	**お盆** 家族・親戚が集まって、ご先祖様をお迎えします。
27日	**寅さんの日** 「男はつらいよ」が公開された日です。我が家のお墓は寅さんと同じお寺さんにあります
9月1日	**防災の日** 今年は各地で大規模な防災訓練が行なわれそうです。備えあれば憂いなしです。
4日	**クラシックの日** [redacted]が大好きなクラシック音楽の日です。
15日	**十五夜** 中秋の名月を愛でながら一献なんて粋だと思います。
23日	**秋分の日（お彼岸）** ご先祖様を敬う日。この日が過ぎれば、暑さも終わるのでしょうか？
26日	**台風の特異日** 伊勢湾台風など台風が来る回数が多い日です。

進まぬ作業、つながる絆。

いつもありがとうございます。[redacted]の[redacted]です。節電の夏、いかがお過ごしでしょうか。夜の営業時間に、節電を考えて、店先にある提灯に灯を入れようかどうか迷っています。電力使用のピーク時間を過ぎた午後6時以降のことですから、電力不足にはなっていないのですが、節電のことがどうしても頭をよぎります。

もう1つ、店の前で気になることがありました。それは、歩道と店の間にある数センチの隙間です。そこを埋めるために2年に1度、カールおじさんのような格好をして、日曜大工さながら、セメントで塗り固めていたのです。今年は、区役所が店の前の歩道も舗装して、隙間も綺麗に埋めてくれたのでとっても助かりました。さすがに、プロは綺麗に仕上げてくれます。

自分でやっていたときは、朝4時には作業を開始しないと、間に合いませんでした。セメントをこねて塗り固めて、乾くまでに時間が掛かるわけではないのですが、午前6時を過ぎてしまうと、作業の効率が大幅に落ちるからです。

それは、「おはよう、何やってんの？」と作業をしているところへ近所の友人・知人・同級生が次から次へと通りかかって、声をかけてくれるからです。それでつい話し込んでしまうので、作業は殆ど進まなくなります。それも、とても楽しいのですが・・。

地域のコミュニティーがどんどん薄れていく中で、地元の人達との触れ合いがあることは、とてもありがたいことです。地元の絆のありがたさに感謝しています。

[redacted]

[redacted]を支えた５０年！　ー昭和３７年ー１９６２年

国産飛行機YS-11が飛び、北陸トンネルが開通し、交換手を通さないダイアル式市外通話が名古屋との間で始まり、都市間の時間距離が短縮されました。科学技術が進歩をし、コピー機、電子レンジなど今では当たり前の機器が発売されました。ハガキが5円だった時代にレンジの価格は54万円と高価でした。

リポビタンD（150円）は、一本足打法をはじめた王選手のCMで大ヒットをし、不二家のルックチョコレート（50円）も、この年に発売されました。クレージーキャッツの植木等の映画や歌が大ヒットし、「わかっちゃいるけどやめられない」「無責任男」など多くの流行語を生み出しました。CMでは「てなもんや三度笠」の中で放送された「あたり前田のクラッカー」は、いまだに親父世代には生き続けています。

プロ野球では、セは阪神、パは東映（現：日ハム）が優勝し、日本シリーズでは東映が逆転で日本一になりました。高校野球では、作新学園が史上初の春夏連覇を達成しました。

東京の人口が1千万人を突破して世界初の1千万都市になったこの年、日本が羽ばたいた年だったのかもしれません。

Page 3

プッチプチの食感と濃厚な味の「いくら」。

クイズ番組などで有名になった「いくら」の語源は、ロシア語で魚の卵のことをいいます。プチプチの食感に、魚卵独特のねっとりした濃厚さは、[redacted]「いくら」は、お子様からご年配の方まで男女を問わず幅広く好まれているネタで、秋から旬を迎えます。

川で生まれ、海で4～5年泳いだ鮭はふたたび生まれた川に戻ってきます。しかし、鮭が美味しい腹子を持っているのは、川に戻る前の川水を飲む前の鮭です。その鮭の腹子(筋子)をお湯で洗うと、いくらの1粒1粒がバラバラになります。そのあと流水で洗ってから、塩または醤油・酒・みりんなどの漬け汁に漬け込みます。漬け込む時間が長くなると、「いくら」表面の皮が硬くなってしまうので、食べごろを見計らって、引き上げます。

「いくら」は8月後半から9月初めにかけて、北海道から漁が解禁となります。11月に入ると三陸でも漁が本格化します。季節が早いと、粒が小さくて皮も薄いのですが、秋が深まるにつれて「いくら」の粒も大きくなります。

残念なことに今年は、三陸からの「いくら」が期待できないこともあって、入荷量が少なくなりそうです。それでも、秋の「いくら」は、甘さと旨みを漬け汁が引き出し、さらにシャリ、海苔にわさびが幾重にも重なって、とてもおいしくなります。ぜひ、秋の「いくら」を召し上がってください。

鮭が生まれた川に戻ってくるのは、匂いで場所を認識しているそうです。

不思議な出会いが、新しい世界へ。

お陰さまで「[redacted]」が28号を迎えました。子供の頃夢中になって見ていた鉄人と同じ28号になったのは、感慨深いものがあります。1号に比べると「文章の流れが良くなった」とお客様からほめていただくこともあります。少しばかり照れますが、うれしいものです。学生時代の友人からは「本すら読まなかったお前がまさか、『[redacted]』を書くとは思いもよらなかった」といわれています。確かに学生の頃は本は読んでいませんでした。

本を読むキッカケは不思議なものでした。子供が生まれたあと、カミさんと2人で飛行機で北海道に行った時のことです。機内でやることがないときのことを考えて、友人に本を借りました。飛行機に乗ってみると景色も雲ばかりで見飽きてしまい、案の定やることがありません。それで本を読み始めました。読んでみるとこれが面白くて、機内だけでは読み切れずに、帰ってから完読してしまいました。本はこんなに面白かったのかと感激して、機内で読んだ「西村寿行」の本を片っ端から読み漁りました。気がつけば1年で彼の本200冊を読破しました。「これはいいな」と思うと、どうしても突き詰めたくなる性質は、今も変わっていません。

西村寿行のあとは、約20年くらい前に出会った大沢在昌の「新宿鮫」でした。タイトルが気になったのか、本屋さんで何気に手にとって立ち読みをしたら、これがまた面白かったんです。すぐにハマってしまいました。当時は新宿鮫Ⅲまで出ていたような記憶がありますが、刊行されているものはすぐに読み終えました。そのあとは新宿鮫の著者である大沢在昌の本を読みました。どれも面白いのですが、一番は新宿鮫です。5年ぶりに「新宿鮫X」が発売され、じっくりと読むつもりが、病院の待合室で読みだしたら、途中で止められずに一気に読んでしまいました。新宿鮫らしくて、普通に面白かったです。

「[redacted]」も飛行機で西村寿行の本を読まなければ、きっと書けなかったでしょう。なんとも不思議な出会いが今につながっています。気になったことや少しでも興味があれば、そのことをやってみる、そして面白ければ突き詰めてみる、すると新しい世界が開けてきます。その積み重ねで今があるのだと思います。

6-3 ニュースレターの例② スタッフをイラストで紹介

Page 2

店界隈を熟知した出前の職人、[redacted]

出前の[redacted]です。

出前の基本は、自転車です。

ふたり仲良く。イラストは、あくまでもイメージです。

「ナス」「ピーマン」が好物です。こってりしたものが、厳しくなってきました。

「おまたせしました。ありがとうございます。[redacted]です」と玄関のチャイムを鳴らすのが私、[redacted]の仕事です。[redacted]の出前を自転車で担当しています。[redacted]ので、電動自転車で出前をしています。電動自転車はフレームが太い分重く、その上出前機もついているので、感覚としては普通の自転車よりも少し楽になったくらいの感じです。

[redacted]にお世話になる前は、近所の蕎麦屋で出前をしていましたが、その蕎麦屋が廃業することになりました。蕎麦屋のお客様と[redacted]のお客様が重なっていることもあって、お客様からも[redacted]に行ったらと勧められましたし、なにより自分は出前が好きだったということもあって、[redacted]にお世話になることにしました。あとで聞いた話ですが、[redacted]社長も「[redacted]さんが来てくれたらいいな」というのを知って、とても嬉しかったことを覚えています。

蕎麦屋にいたときは、[redacted]だけ出前をしていましたが、[redacted]に来て、[redacted]にも出前に行くことになりました。[redacted]は初めてだったので、地図とにらめっこしながら場所を探していました。もう6年になりますから、[redacted]も[redacted]と同じくらい詳しくなりました。

仕事でやりがいを感じるのは、お客様と一言二言、言葉を交わすことです。「今日は暑いですね」など、たわいのない一言から会話が始まっていくのが楽しみです。出前だから、お客様と接する時間が短いので、会話と笑顔を店以上に大切にしたいと思っています。出前で[redacted]が伺ったときには、一言二言お付き合いいただけると嬉しいです。出前の途中や外を歩いているときにお客様から声をかけてもらうこともあって、そんな時もとても幸せです。

蕎麦屋の時は、出前と洗いものばかりでしたが、[redacted]に来て、ホールや宴会の担当もするようになりました。全くやったことがなかったので、はじめはてんてこ舞いでした。料理を早く出さなければと思って慌てたものですが、そんなバタバタ感も充実感に変わってきています。宴会のお客様ともお話できるようになって、やりがいを感じています。[redacted]のスタッフは、おしゃべり好きな人が多く、楽しく働けています。私は人と話すのが好きなんだと思います。

酒・タバコはやりません。好きな寿司ネタは「とろ」ですが、1・2カンで十分満足できます。趣味は、女房と買物や旅行に出掛けることです。思い出の旅行はベトナムです。雑多でゴッチャゴチャしているのに、エネルギッシュで、人がいきいきしていたのが強く印象に残っています。

女房と一緒になって25年経ちますが、一緒にいると今でもとても楽しいです。いつまでも仲がよくいられる秘訣を聞かれることがありますが、あえて言えば「相手を想いやる」ことですかね。想いは相手に伝わりますから、それ以外は思いつきません。

もう40歳半ばを過ぎましたから、将来の夢といってもなんですが、女房と一緒に田舎でゆっくりしたいです。

大将の話「[redacted]さんは、出前についてはパーフェクトです。今のメニューを作ったときですから、6年前に来てもらいました。私の想いを一番伝えられた人で、一番わかってくれている人だろうと思っています。いつも笑顔でコミュニケーションを取るのが上手です。

そして、夫婦仲がとってもいいので、端から見ていても微笑ましく、羨ましい関係です。それができるのも[redacted]さんの人柄だと思います。これからもよろしくお願いします」

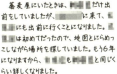

たとえば、あまり好きではなかった有名人でも、ドキュメンタリー番組を観たことで、その人の努力やプライベートでの優しさなどを知って、ファンになってしまうことがありますが、それと同じ効果がニュースレターにはあります。

お客様との関係性をよくするためには、コミュニケーションの質と量の両方が大切ですが、どんなに量が多くても、質が悪ければ逆効果になってしまいます。

店としては注文をしてもらいたいので、どうしても商品の売り込みをしたくなりますが、お客様は売り込まれるのを嫌うため、質のよいコミュニケーションではなくなります。

ニュースレターはお客様が読んで**「楽しく、ためになり、さすがにプロだとわかる」**ことが基本方針で、売り込みは一切しません。

もっとも大切なのは、お客様の共感です。共感があるからこそ信頼関係ができ、コミュニケーションの質がよくなっていくのです。

▼他店と差別化できる大切なツール

ニュースレターを発行している店では、デリバリースタッフがお客様から声をかけられることが多くなりました。「次のニュースレターができたら注文します」というお客様も多く、なかには海外にいる友人に送っているお客様がいるほど評判がよく、愛読しているお客様が大勢います。

しかし、日常業務が忙しいなかでニュースレターを書くのは、決して簡単なことではありません。3回目くらいで書くことに詰まって、続かなくなってしまう店が多いのが現実です。

ニュースレターはファンを増やすツールですから、売上げに対する即効性はないと思われがちですが、決してそんなことはありません。ニュースレターを発行している店では、1回目から2回目への注文率が明らかに改善しています。アンケートの回収もよくなり、アンケートの自由記入欄にメッセージを書いてくれるお客様も増えました。

さらに競合店が近くにできたにもかかわらず、1年間に一定回数以上注文してくれる常連客が、新しくできた競合店に流れることはありませんでした。

ニュースレターを発行している店は多くないため、**発行すれば他店との大きな差別化になります**。自店で書くことができればいいのですが、できなければプロに依頼してでも、ニュースレターを出し続けることによってお客様との関係性がよくなり、絆を深めていけます。

出前・宅配店にとって、**ニュースレターはお客様と店をつなぐ大切なツール**なのです。

3 顧客データを活用した注文回数別アプローチ法

▼出前・宅配でも「80：20の法則」

売上げにおける既存客の重要性を説明するときに、上位20％のお客様が売上げの80％を占めるという「80：20の法則」がよく引用されます。

出前・宅配においても、注文回数上位20％のお客様が売上げの60％以上を占める店が多く、常連客が売上げのベースを支えていることに変わりありません。

店のことを気に入ってくれ、何度も注文をするからこそ常連客になるわけですが、店が何も策を講じなければ、常連客の数が増えるスピードは遅くなります。

注文を受けて商品を届けるだけでなく、1回だけで去ってしまうお客様を減らし、その後も継続して注文をしてもらうための有効なステップをつくり上げていくことが、常連客を増やすポイントです。

6-4　注文回数別顧客数の構成比

(a)注文回数別アプローチ前

注文回数	客数構成比
1回	64.4%
2回	15.5%
3回	7.6%
4回	3.5%
5回	2.1%
6回	1.5%
7回以上	5.4%

(b)注文回数別アプローチ後

注文回数	客数構成比
1回	58.2%
2回	16.1%
3回	7.4%
4回	4.3%
5回	2.9%
6回	2.1%
7回以上	9.0%

▼注文回数でお客様を分類する

リピーター化対策として必要になるデータが、1年間の注文回数ごとにお客様を分類した「注文回数別顧客数」です。

ある店にコンサルティングに入ったときには、1回だけの注文で離脱してしまうお客様が約3分の2もいました（表6－4ⓐ）。

今までの経験から、既存のお客様にDMを出すと、注文回数によって反応率は3～35％まで幅が出ることがわかっていました。もっとも反応率がいいのは何度も注文してくれる常連客で、反対に反応がよくないのは注文回数の少ないお客様です。

そこで、リピーターを増やすために着手したのが、注文回数ごとに顧客を分類して、それぞれにアプローチ方法を変えていくことでした。

表6−4(a)のデータから、注文回数1回を初回客、2回を入門客、3回から5回までを中堅客、6回以上を常連客として、4つに分類しました。

この分類は店によっても異なりますが、今までに携わったクライアントのデータを分析した結果から導き出したものです。

▼初回客へのアプローチ

まずは初回客のお客様へのアプローチです。ここの数値を改善しない限りリピーターは増えませんから、とても大切なステップです。

はじめて注文してくれたお客様はまだ店のことをよく知らないため、おいしい理由や店のこだわりとともに感謝の気持ちを込めたお礼状を送り、店への印象を深めてもらうようにしました。

もし、このときに割引券をつけると、お客様は「何だ、売り込みか」と感じて、お礼状の効果がなくなってしまいます。そのため売り込みは一切しませんでした。

再注文を促すのならば、お礼状とは別に一定期間が経過した後に、店の魅力が伝わるようなちょっとした特典がついたDMを出したほうが反応率はよくなります。

とは言っても、反応率はひと桁台のパーセンテージになってしまうのですが、初回客に対するアプローチの最大の目的は、店のことを覚えてもらうことです。**お礼状をお客様の記憶が薄れないうちに出す**ことがポイントです。

▼入門客へのアプローチ

2回注文したことがある入門客に対しては、**思い出してもらうためのアプローチが効果的**です。

まだ注文回数が2回だけなので、店のことを身近に感じていませんし、店のこともよく知らないので、注文を促すためには何らかのインセンティブをつけて反応を上げるようにします。

しかし、これも初回客と同じように、インセンティブはコストのかからないもので充分であり、大幅な割引券は避けたほうが賢明です。

入門客はインセンティブも大切ですが、アプローチするタイミングも重要です。もっとも有効なのが、**自店の繁忙期前に実施する**ことです。繁忙期はお客様の注文動機が高まるときですから、そこを狙ってアプローチすれば反応率はよくなります。

▼中堅客へのアプローチ

年間に3回から5回注文してくれる中堅客は、3～4ヶ月に1回の頻度で注文してくれます。

この層のお客様は店のことをある程度理解してくれているので、インセンティブをつけるのもいいのですが、**季節商品の提案や新メニューの紹介など、定番ではない商品を案内する**ことでも効果が出ます。

いつも同じインセンティブをつけ続けていれば、反応率はだんだん下がっていきますが、新しい商品の提案は目新しさもあって、反応率がよくなります。タイミングとしては入門客と同じように、繁忙期の前がもっとも適しています。

中堅客にアプローチする最大の目的は、**あと1回注文を増やしてお客様に注文癖をつけてもらう**ことです。この層のお客様の注文回数が増えれば、常連客へと近づいていきます。また、この層が店から離れてしまうのは大きな損失ですから、それを防止するためにも大切なアプローチなのです。

▼常連客へのアプローチ

最後は常連客へのアプローチです。2ヶ月に1回以上注文してくれる常連客は、店のこ

6-5　顧客フォロー後の総注文客数の変化

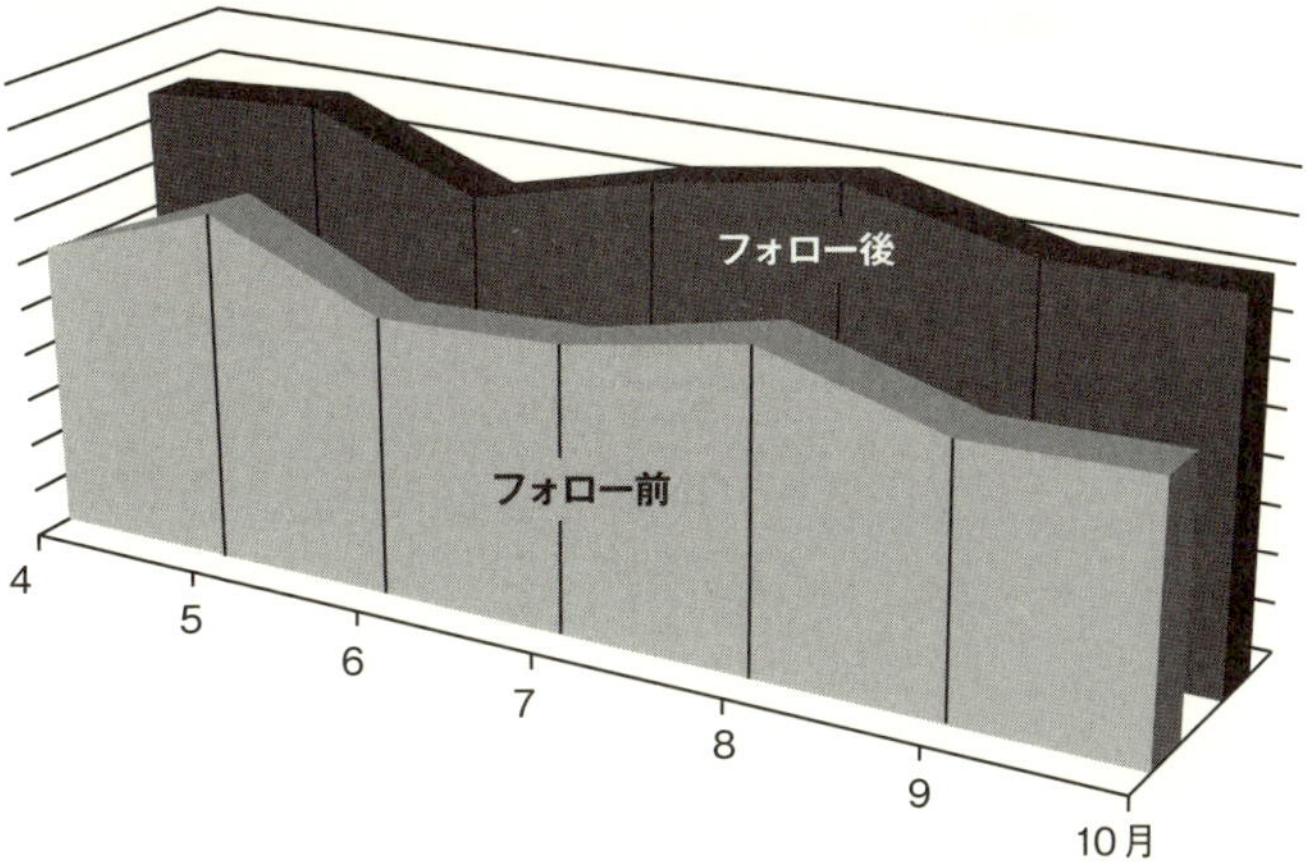

とや商品のことを気に入ってくれている層です。

この層にアプローチすれば、確実に10％以上の反応率が得られます。心ばかりのインセンティブをつけたＤＭを出したところ、反応率が35％を超えたこともありました。もちろん、インセンティブがなくても、「ハガキ、届きました」と言って注文してくれるお客様も大勢います。

常連客は繁忙期でも平常期でも注文してくれますから、アプローチする時期はあまり問いません。しかし、反応がいいからと言って常連客ばかりにＤＭを送っていると、「またＤＭが来てる」と飽きてしまい、反応率は下がっていきます。

「常連客になったら、何もしなくても注文は来るんじゃないの？」と聞かれることもありますが、この層へのアプローチをやめてしまって、注文回数が減った店もありますから、やはり定期的に季節の挨拶など、**親近感を高めるアプローチをする**ことが必要です。

こうした顧客の注文回数に応じたアプローチをしたところ、表6‐4(b)のように注文回数別顧客数が改善されて、総注文客数が増え(図6‐5)、売上げも前年比127%と伸びていきました。

注文回数別に分けてお客様にアプローチするのは煩雑に思えるかもしれませんが、「常連客づくりのステップ」というしくみさえつくってしまえば、あとはアルバイトでも簡単にできるようになります。

4 反応率をよくするお客様アプローチの発想法

既存のお客様にアプローチするには、ＬＩＮＥ、メールマガジン、ブログ、フェイスブックや、従来から使われているＤＭなど様々な媒体が使えます。

どの媒体を使うにしても、お客様の反応がいいこともあれば、期待はずれに終わることもあります。反応がいい場合にはよかった理由が、そうでない場合にも悪かった理由があり、それぞれにお客様へのアプローチに対する店の考え方が、反応率に大きく影響をおよぼしています。

▼「開店○周年記念セール」という大義名分

店の売上げを伸ばすために、既存のお客様にＤＭやメールなどでアプローチをする場合、**反応率はインセンティブや割引率にほぼ比例**します。お客様は、割引率などに魅力があればそれに釣られて注文をするのです。しかし、売上げがほしいがために何の理由もなく割引などを繰り返してしまうと、2章2で述べたように割引がなくなった途端に注文は減ってしまいます。

だからと言って、すべての割引やインセンティブを否定するつもりはありません。割引やインセンティブで売上アップを図ることも戦略のひとつです。その効果を高めるには、**「開店○周年記念セール」などの大義名分が必要**です。

「開店○周年記念セール」は、お客様にアプローチするチャンスですし、お客様が注文をするキッカケにもなります。年に1回だけですからお客様の反応もよく、これを機会に、しばらく注文のなかったお客様が注文を再開してくれることもありました。

そのうえ期間終了後に割引やインセンティブがなくてもお客様からの注文が大幅に減ることはありません。

とくに、1周年、5周年、10周年など切りのいいときの反応率は非常によくなります。

▼お客様の行動様式から離れたインセンティブは効果がない

「母の日は夕方に注文が集中してしまって、断ることも多くてもったいないのです。前日までの予約を少しでも増やせればもっと売上げが上がるので、既存客にDMを出してみようと思うのですが、どうでしょうか」と、ある社長から相談を受けました。

他店でも母の日対策は何年もやってきたのですが、割引券をつけても、インセンティブをつけても、当日の注文が増えることはあっても、前日までの予約数は増えなかったことをお話すると、社長は「なぜなんでしょうね」と首をかしげていました。

母の日は家族以外の人を招待する日ではなく、誕生日ほど特別なお祝いでもないので、多くの家庭では、「お母さん、今日は母の日だけど、何か食べたいものある?」というような会話を交わしているのではないかと思われます。

予約をしてまで食べる店を決める必要を感じておらず、母の日当日に行きたくなった店に出掛けてもいいし、出前・宅配を注文してもいいとお客様は考えているのです。

店としては喉から手が出るほど予約がほしいのでインセンティブをつけるのですが、お客様の行動パターンと違っていれば反応はよくなりません。

前述した焼肉店でも午後5時台の売上げが悪いので、「ビール無料」「カルビ無料」などのインセンティブで集客しようとしましたが、大多数のお客様はまだ仕事をしている時間帯なので効果はほとんどありませんでした。

結局、どんなインセンティブをつけても、**お客様の生活や行動様式、心理状態から離れていれば効果は期待できない**のです。

▼お客様を喜ばせるユーモア精神

土用の丑の日と言えば誰もが鰻を思い浮かべます。この日は鰻屋以外の店の売上げは伸びません。それを何とかしようと考えたのが、「ウルトラスタミナうどん」でした。

民間信仰で「土用の丑の日に『う』のつく食べ物を食べるとスタミナがつく」と言われていたのを平賀源内が「うなぎ」の日として売り出しました。それを利用して、「なぜこの日に『うどん』なのか」を説明するとともに、ほんの少しのインセンティブをつけてウルトラスタミナうどんをお客様に紹介しました。

その結果、売上げは鰻登りに伸びて、土用の丑の日としては最高の売上げになりました。どんなアプローチも最終的な目的は売上げを伸ばすことですが、お客様が「なるほど」と感心したり、思わず笑ってしまったりするユーモアがあれば、反応率はよくなります。

店の都合で買ってくださいとお願いをしているのではなく、お客様の「面白いから食べてみよう」という遊び心をくすぐるからです。

▼どんなときにお客様は注文したくなるのか

では、反応率のもっとも高いアプローチの方法は何なのかと聞かれれば、私は迷わず**「誕生日」**と答えています。

誕生日にＤＭを送れば、最低でも17％のお客様から注文があり、最高では41％の反応率がありました。だからと言って、高額な割引やインセンティブをつけているわけではありません。ささやかな商品をプレゼントしているだけです。

それにもかかわらず平均20％前後の反応がコンスタントにあるのですから、誕生日にお客様にアプローチしていない店はその分だけ売上げを放棄しているようなものです。

誕生日の反応率がいい理由は、店の都合ではなく、**お客様の大切な日に、お客様が注文をしたくなるタイミングでアプローチしている**からです。

インセンティブをつけた「買って買ってＤＭ」をお客様に出してもさほど反応がよくならないのは、店の都合が見透かされているからです。誕生日に限らずお客様がほしいときにアプローチすれば、インセンティブはわずかでも反応率は上がっていきます。また、前項で述べた季節商品や限定商品の紹介なども反応率がよくなります。

大切なことは**お客様の心理と行動に寄り添った発想でアプローチしていく**ことです。それができれば、反応率は上がっていきます。

7章

儲けを出す出前・宅配・デリバリーのオペレーション

1 「出前・宅配のしくみ」を支えるアンケート

▼出前・宅配の3つの基本

いよいよ「出前・宅配のしくみづくり」も最終段階に入ってきました。このしくみが回り出したら必ず行なうのが、オペレーションのチェックです。

その指針になるのが、**「見ても、食べてもおいしい商品を」「気持ちのいい電話・配達時対応で」「約束の時間どおりにお届けする」**という「出前・宅配の３つの基本」であり、これがしっかりできているかどうかを確認します。

この「出前・宅配の３つの基本」は、本格的に出前・宅配を導入した後も常に確認すべき事項です。どんなに素晴らしいしくみができていても、この基本ができていなければ、リピーターは増えないどころか、悪い評判が広まってしまい、売上げや利益が伸びないからです。

▼お客様の苦情にはそれぞれ原因がある

「チラシの写真と違って見えたのが残念でした」とお客様から意見が寄せられた店が、その原因を探っていくと、レシピどおりにつくられていないことがわかりました。

忙しいときや慣れが出てくると、レシピを見ないでつくってしまったり、盛りつけがいい加減になってしまうことがあります。

これではチラシに載っている商品写真と実際に届いた商品が別物に見えて、お客様がガッカリしてしまうのも無理はありません。

またある店では、通常、ご飯が炊き上がった後に必ず試食をしているのですが、たまたまそれをしなかったときに、ご飯が硬く炊けてしまいました。すると、「今日のご飯はいつもより硬かった」と多くのお客様から指摘がありました。

弁当は200〜300gがご飯ですから、ご飯がおいしくないとメインの惣菜がいくらおいしくても、弁当全体の評価が下がってしまいます。原因は、この日から新米を炊きはじめたのですが、水の量が以前のままだったためでした。

別の店では、「商品が一方に偏ってしまっていて、期待していたのにガッカリした」という意見も届きました。

原因は、デリバリーの際に急ブレーキをかけたり、乱暴な運転をしたり、ばんじゅう（薄型の商品運搬容器）を持っているときにスタッフがつまずいたり、傾けてしまったりしたために起きたと考えられます。

▼なぜ「サイレント・クレーマー」が生まれるのか

本来、出前・宅配をビジネスにしている以上、起こしてはいけないことばかりですが、人間がやることですからミスをゼロにすることはできません。しかし、**ミスに気づき改善していくことこそが大切**なのです。

先のような例はお客様からの指摘があったのでわかったことです。しかし、お客様の隠れた不満はもっとあるのではないでしょうか。

お客様が店にいらっしゃれば、仕草や表情から不満を察することができます。スタッフが何らかの粗相をすれば、店長がその場で謝罪することも可能ですが、出前・宅配では直接、店にクレームが入らない限り、お客様に不満があることはわかりません。

もし、そうした不満を知らないまま放っておけば、「サイレント・クレーマー」になって二度と注文が来ないこともあります。

また悪い印象を「出前館」や「食べログ」、その他ＳＮＳ等に書き込まれたら、店の売上げにも影響します。

7-1　出前・宅配に不可欠なアンケート

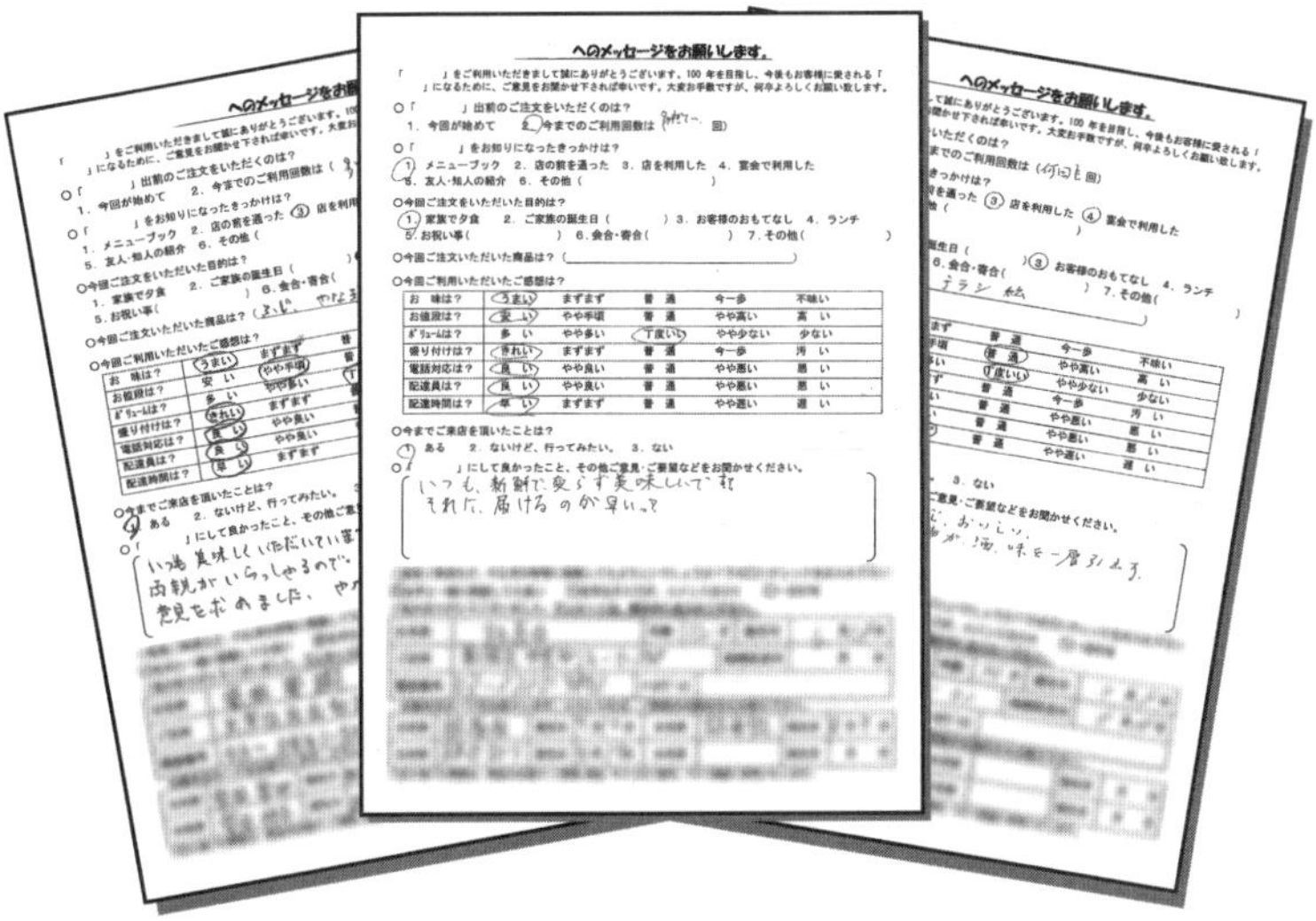

へのメッセージをお願いします。

「　　」をご利用いただきまして誠にありがとうございます。100 年を目指し、今後もお客様に愛される「　　」になるために、ご意見をお聞かせ下されば幸いです。大変お手数ですが、何卒よろしくお願い致します。

○「　　」出前のご注文をいただくのは？
1. 今回が始めて　2. 今までのご利用回数は（　　回）

○「　　」をお知りになったきっかけは？
1. メニューブック　2. 店の前を通った　3. 店を利用した　4. 宴会で利用した
5. 友人・知人の紹介　6. その他（　　）

○今回ご注文をいただいた目的は？
1. 家族で夕食　2. ご家族の誕生日（　　）3. お客様のおもてなし　4. ランチ
5. お祝い事（　　）　6. 会合・寄合（　　）　7. その他（　　）

○今回ご注文いただいた商品は？（　　）

○今回ご利用いただいたご感想は？

お　味は？	うまい	まずまず	普　通	今一歩	不味い
お値段は？	安　い	やや手頃	普　通	やや高い	高　い
ボリュームは？	多　い	やや多い	丁度いい	やや少ない	少ない
盛り付けは？	きれい	まずまず	普　通	今一歩	汚　い
電話対応は？	良　い	やや良い	普　通	やや悪い	悪　い
配達員は？	良　い	やや良い	普　通	やや悪い	悪　い
配達時間は？	早　い	まずまず	普　通	やや遅い	遅　い

○今までご来店を頂いたことは？
1. ある　2. ないけど、行ってみたい。　3. ない

○「　　」にして良かったこと、その他ご意見・ご要望などをお聞かせください。

▼出前・宅配に不可欠なアンケートでの反応

出前・宅配は、デリバリーに出てしまえば、デリバリースタッフの接客の様子もわかりませんし、お客様の味に対する評価もわかりません。それを知るために利用するのがアンケートです。

先ほどの3つの指摘は、お客様から直接、店に電話があったわけではなく、すべてアンケートに書かれていたものでした。

店に電話をしてまでクレームを言うことはしなくても、店に知らせておきたいちょっと気になったことのほか、**店や味に関する感想を書くにはアン**

ケートは最適であり、出前・宅配には必要不可欠なツールです。

アンケートは、「味」「配達時間」「接客態度」のそれぞれについて評価できるようになっているので、クレームや低い評価もありますが、おほめの言葉が記載されていることも相当数あります。

評価が低ければ修正していけばいいですし、ほめてもらえれば店にとって励みになります。

さらに大きなメリットは、3章2で述べたように、店は気づいていないけれど、**お客様が気づいた店の魅力や注文した理由をアンケートに書いてくれる**ことです。

そして、お客様の意見を少しアレンジすれば立派な店のキャッチコピーができあがり、今後の集客にも大いに役立ちます。

▼アンケートは現状の把握と改善のため

アンケートをとっていると、「こんな商品があればうれしいのに」と書いてくださるお客様もいます。これは店のことを評価し、期待してくれている証ですから、店としては大変に光栄なことです。

この期待に応えようと、早速新商品をつくって売り出した店がありました。その結果は、リクエストをしたお客様でさえ注文してくれず、商品はほとんど売れませんでした。

アンケートを元にして商品をつくったのに売れなかったのは、あくまでもお客様は希望を書いたのであって、注文することとイコールではないからです。

「どんな車に乗りたいですか?」とお客様に聞けば、「高級外車」と答えるかもしれませんが、実際に購入するのは「大衆国産車」であるのと同じことなのです。

アンケートの目的は、未来のことや新商品についての意見を聞くことではなく、現状の商品や店の状態を把握し、出前・宅配のしくみがうまく回っているかどうかを確認するとともに、**しくみを改善していく**ためです。

② 好感が持てる電話応対と配達時の対応

出前・宅配では電話での注文受付が接客の入口であり、商品配達時の対応が出口です。このときにお客様にいい印象を残すか、それとも悪い印象を与えてしまうかで、店の評価は大きく変わってきます。

▼電話応対はこんなことに注意！

最初にお客様との接点になるのが電話応対です。インターネットからの注文も増えてきましたが、まだ多くは電話です。

一般的には「ありがとうございます。○○店、ご注文担当○○です。ご注文でしょうか？」と、どの店も同じような言い回しで電話に出ますが、この時点で店に対する第一印象は決まってしまいます。

私もいろいろな店に電話をしましたが、気になるのが、**お客様が店名を聞き取れないほ**

ど早口で話す店が非常に多いことです。もしも店名を聞き返されることがあれば、早口になっている証拠です。

店のスタッフはいつも店名を言い続けているので早口になりやすく、忙しい時間帯には気が急いてしまって、余計早口になってしまいます。しかし、電話担当のスタッフは、早口で話していることにまったく気づいていないのです。

早口なスタッフは、その後の電話応対も早口でまくし立てるような感じになるので、**お客様は圧迫感を感じて不安になる**こともあり、相手の顔が見えないだけに、本当に注文が伝わっているのか心配にもなります。

さらに悪い対応は、**店の都合を押しつけてくる**ことです。

ある店に調査のために電話をしたときのことでした。「注文は番号でお願いします」と言われて、チラシが手元になかったのでホームページを見ていたのですが、商品番号が書いてありません。そのことを伝えると、「ネットにも書いてありますよ。番号をお願いします」と重ねて言われ、「ちゃんと見てから注文してください」という電話担当者の本音が電話からも伝わってきて不快感を覚えました。

商品名がわかっているので店側が番号に変換をすればすむことなのです。お客様の利便性ではなく、店の都合を押しつけてくるのは店の印象を非常に悪くします。

▼気持ちのいい電話応対のポイント

お客様にとって気持ちのいい電話応対とは、**「聞き取りやすく」「わかりやすく」「安心できる」**ことです。

店名は、口を大きく開けて発声すると言葉も明瞭になり、ゆっくりとしたスピードになります。そして**お客様が話すスピードやトーンに合わせる**と、お客様は「自分の話をよく聞いてくれる」と安心し、店にもいい印象を持ってくれるのです。

注文が終わりにさしかかったら、**注文内容と合計金額などの必要事項を復唱**します。お客様も自分が注文した商品が確認できるので、オーダーミスもなくなり、店の信用度は高まります。

▼配達時の対応は6秒で印象が決まる

お客様とはじめて顔を合わせるのはお届けのときです。第一印象は6秒で決まると言われているので、たとえわずかな時間であっても、お客様はデリバリースタッフの印象のよし悪しを判断し、それが味にも影響してきます。悪い例はまず、2章1で述べたとおり不潔感や態度の悪さがありますが、ほかにもお客様の印象を悪くすることがあります。

玄関に入る前にチャイムを鳴らしますが、**何度もしつこく鳴らす**デリバリースタッフがいます。お客様が手を離せないときやお年寄りの場合は、チャイムが鳴っていてもすぐに出られないこともあります。

少し待って玄関のドアが開かないとしても、チャイムを何度も鳴らすのは失礼ですし、お客様に恐怖感を与えてしまいます。スタッフからすれば早く届けたいと思っているのでしょうが、それはあくまでも店の都合でしかありません。

ユニフォームが汚れているのは問題外ですが、お客様が玄関を開けたら、**「まずはお会計をお願いします」と顔も見ずに無表情で言われる**のも気持ちがいいものではありません。

さらにお客様の許しを得ないまま、商品を廊下に無神経に置かれてしまっては、呆れてしまうばかりです。そんなスタッフが本当にいるのかと思うでしょうが、実際の話です。

ここまでひどくはなくても、お客様の目を見られないデリバリースタッフは多く、最後の挨拶も「ありがとうございました」とは聞こえず、「あざーす」「あり……ました」と発音不明瞭なことはよくあります。

これでは決していい印象は残りません。

▼配達時の対応の流れ

第一印象をよくするには、まず**笑顔と挨拶**です。

感じのいいデリバリースタッフは、きれいなユニフォームで、「お待たせしました。○○です」とお客様の目を見て、笑顔で明るく挨拶ができます。

会計をする前に、ひとつずつ商品を確認しながら手渡しします。このときに片膝をついてていねいに手渡しするように教育している店もあります。

会計時にはお客様からいただいた金額を確認し、お客様の目の前で釣り銭を数えて、ていねいに渡します。

最後の挨拶も、「本日はご注文ありがとうございます。またよろしくお願いします」と言い終わってからお辞儀をすれば、動きがキビキビして丁重な感じになり、デリバリースタッフの好感度はアップします。それだけでなく、お客様は教育が行き届いている印象を持って店に対する評価もよくなります。

最後は、ドアを静かに閉めて帰ります。

言葉にしてしまえば簡単なことですが、これらのことができているデリバリースタッフはごくわずかです。

▼私が感動したデリバリースタッフ

私が今までに一番素晴らしいと思ったデリバリースタッフは、あるチェーンの女性でした。

雨の日にひとり分だけ注文したときに、「雨の日に少なくて悪いね」と言ったところ、彼女は「とんでもないです。雨の日でも、ひとり分でも、お店に注文していただけるだけで、うれしいですから」と笑顔で答えてくれたことにとても感動したことを今でも覚えています。この人がデリバリーをしてくれるならまた注文しようと思い、実際に何度も注文しました。

スタッフの能力を高めていけば店の大きな強みになり、競合店と差別化を図ることができます。

味よりも人のほうが深く印象に残ることがあり、お客様にとって気持ちのいい電話応対、配達時対応ができれば、リピーターも増え、店の評判も上がっていきます。

3 配達時間を短縮する6つの方法

大切なことなので繰り返しますが、出前・宅配にとっては配達時間が早いこと、約束どおりに届けることは、売上げに直結する重要な経営課題です。

配達が遅れてしまう原因は、製造工程とデリバリーのいずれかに存在します。それを解決するために、製造工程で3つ、デリバリーで3つ、合計6つの対策方法が考えられます。

Ⅰ 製造工程での対策

①仕込み

飲食店を経営していれば、仕込みは当たり前のようにしていると思います。

仕込みは、注文が入ってから短時間でつくり上げるために必要不可欠な準備作業です。フライものならば衣をつけて保存しておき、寿司ネタであれば切りつけてすぐに握れるようにしておきます。

では、どれくらいの量を仕込んでおけばいいのでしょうか。**前年実績を参考にし、現在の状況を加味して売上予測を立てれば**、おおよその商品販売数がわかるので、それを元に仕込量を決定します。

予定より注文数が少なければ、翌日に持ち越せる素材は持ち越し、注文が予定より多ければ、それがわかった時点で不足する分だけの仕込みをすれば、材料ロスもチャンスロスも防ぐことができます。

また、平日の単位を1として各材料の仕込量を決定しておき、通常の土日を2単位、さらに売上げの見込める日には3単位として事前の準備をしている店もあります。

②作業動線

仕込みの次は、商品を調理・製造する工程の作業動線の無駄をなくして、製造時間のスピードアップを図ります。そのためには、厨房のレイアウトを見直して、機械化できる作業があれば機械に任せて、効率的に調理・製造ができるようにする必要があります。

フライものであれば、注文が入ったら冷蔵庫から仕込みずみの素材を必要な分だけ取り出し、すぐ横にあるフライヤーで調理します。その間に副惣菜やご飯を容器に詰めていき、フライが揚げ終わったら容器に盛りつけて、配達するまでの一時保管場所にスムーズに商品が流れていくようにレイアウトを組んでいきます。

出前・宅配は土日・祝日に注文が集中することが多いため、**ピーク時に対応できる厨房スペースとレイアウト、厨房機器を揃えておくことができればベスト**です。

出前・宅配を併設している店では、双方が混雑する日時はほぼ同じになるため、出前・宅配の売上げが伸びてきたら、**製造ラインを別につくる**ことで混乱なく短時間で調理・製造ができます。

③事前予約

通常であれば事前の仕込みと製造ラインの効率化で製造時間は短縮できますが、どんなにピーク時に合わせて厨房を設計しても、年末年始やクリスマスなどの、年に数回ある爆発的に注文が増える超繁忙期に対応することは困難です。

「できしだい」で注文を受けていると、お客様に2時間以上待ってもらうことになり、注文を断られることも増えてしまいます。店としても多くの注文が入っているのに受けきれないのは、売上げをみすみす逃しているようなものです。

超繁忙期により多くの注文を受けて、時間どおりに配達するためには、**前日までの予約**が大きな威力を発揮します。予約が多くなれば計画的に製造体制が組めるので、作業効率が向上します。さらに出勤時間を早めることや、人員数を増やすことで製造能力を引き上げられます。

デリバリーについても、予約があれば1時間当たりにデリバリーできる件数がわかるため、配送計画が立てられ、効率よくデリバリーすることができます。

Ⅱ デリバリーでの対策

④デリバリー管理者

注文が入った順にデリバリースタッフが1件ごとに配達を行なっていても、注文が少ないときには対応できますが、注文の多い土日・祝日には、デリバリースタッフに指示を出し、**デリバリー全体をマネジメントするデリバリー管理者が必要**です。

デリバリー管理者は、どのデリバリースタッフがどこに配達に行っていて、いつ戻ってくるのかを把握しておくことで、その後に入ってくる注文に対して正確なお届け時間をお客様に伝えることができます。

また、すでに入っている注文と同じエリアから注文が入った場合には、ひとりのデリバリースタッフが2件の注文を合わせてデリバリーすれば、時間も短縮でき、デリバリーできる件数も増やすことができます。

⑤デリバリースタッフ

デリバリー管理者から指示を受けたデリバリースタッフは、伝票から届け先の住所を調べて配達に出かけます。住宅地図で調べることもあれば、宅配用パソコンのディスプレイに示された地図で住所を確認することもあります。地図が自動的に表示されれば調べる手間は省けますが、これで劇的に配達時間が短くなるわけではありません。

デリバリースタッフが、信号の少ない道、渋滞の起こりにくい道、抜け道など、**商圏内の道路状況を知っている**と配達時間を短縮できます。

それに加えて何度も注文してくれる常連客の住所を覚えておけば、地図を調べることなくすぐにデリバリーに出かけられるため、配達時間は短くなります。

⑥人員計画

デリバリー管理者が優秀で、デリバリースタッフも商圏内の道路状況を熟知していたとしても、デリバリーできる件数を増やすには、デリバリースタッフの人員数を増やさなければなりません。

将来的にはドローンがデリバリーを担う日が来るかもしれませんが、現在ではまだまだ人的パワーが頼りです。

しかし、注文の少ないときにデリバリースタッフが多すぎては赤字になってしまいますし、注文の多いときに人員が少なければ遅配を起こし、すべての注文を受けきれなくなってしまいます。

適正なデリバリースタッフ数にするためには、仕込みと同じように**前年実績と今年の売上傾向から注文件数を予測して人員計画を立てます**。ただし、平日と土日・祝日、また時間によっても注文の多寡があるため、**曜日別・時間帯別の人員計画が必要**です。

配達時間は、製造からデリバリーまでのオペレーションのしくみで短縮できますが、それ以外にも、調理・製造しやすい商品や品揃えの開発、配達しやすい容器や包材にすることも時間短縮に貢献します。

4 出前・宅配に必要な能力と人材育成

▼店のよさは「商品」のよさと「スタッフ」のよさ

ある店の社長が、「店のスタッフがお客様からお年玉をもらってきたんです」とうれしそうに話してくれました。

年始にお年玉をもらってくるスタッフは少なからずいますが、その金額を聞いて驚きました。商品代金を上回る金額で何と1万円、これまで聞いたなかでは最高額です。

彼ひとりのためではなく、「店のみなさんで」と言って渡してくれたらしいのですが、それにしても簡単にもらえる金額ではなく、お客様がどれほどこの店のファンになっているのかがよくわかります。

この店がお客様に評価されているのは、商品そのものが優れているのはもちろんですが、**働いているスタッフがよく教育されていて素晴らしい**ことも大きく貢献しています。

しかし、はじめからスタッフ全員が優秀だったわけではなく、社長が中心になってスタッフを教育するしくみをつくって指導してきたからです。

▼上司が部下に関心を持って「ほめる」「叱る」

飲食業や小売業では、教えたことができて当たり前、できなければ叱って指導することが多かったのですが、それではスタッフのやる気は起きません。怒られてばかりでは、上司と部下の間の信頼感もなくなり、店の活気は削がれていきます。

この店では、指示したことがうまくできていれば、よかった点を具体的に評価してスタッフをほめています。お客様アンケートに「接客が素晴らしい」と書いてあれば、担当したスタッフをほめ、**どのような接客をしたのかをミーティングの場で発表させて、全員で素晴らしい接客方法を共有**していました。

ほめられ慣れていないときには照れながら話していますが、しだいに晴れやかな表情で堂々と発表するようになり、やる気がみなぎっていることもわかります。

しかし、単にほめるだけではありません。ミスをしたときには上司はきびしいこともスタッフにはっきりと伝えます。そのうえで、次に**同じようなミスをしないために具体的に何をすべきかをスタッフ自身に考えさせる**のです。

だからこそ、適度な緊張感がありながらも、活気溢れる職場になっていったのです。

この指導を可能にする最大のポイントは、**上司がスタッフ一人ひとりに関心を持つこと**です。部下のことを見ていなければほめることも叱ることもできません。関心を持つことは部下を認めることであり、認められた部下は承認欲求が満たされ、情熱を持って仕事に取り組むようになります。

▼信頼される責任者に必要な4つの能力

スタッフを指導教育する立場にある責任者は、部下から信頼されなければ、どれだけ教育しても効果が上がらないどころか、反発されるだけです。

出前・宅配ビジネスの責任者として部下から信頼され、業務を効率よく運営するためには、「数字に強い」「好奇心旺盛」「忍耐強い」、そして「自分で考えて行動できる」、この4つの能力が必要です。

①数字に強い

出前・宅配は、結果がデータとしてすぐに現われます。いい結果が出たにせよ、悪い結果になってしまったにせよ、その**数字を客観的に分析して、次の対策を立てられる能力**が求められます。

新商品を導入して結果が芳しくなかった場合には、それが「商品自体の問題」なのか、「見せ方が悪かった」のか、「価格設定を間違った」のか、「販売促進の訴求ポイントがずれていた」のか、「量的に少なかった」のかなど、様々な視点からデータを分析できなければなりません。

商品がヒットした場合にも、なぜ売れたのかを分析して、数字や客観的なデータを元にその理由が説明できれば、出前・宅配の責任者として合格です。

②好奇心が旺盛

今何が流行っているのか、お客様は何に価値を見出しているのかなど、世の中の流れに敏感で好奇心旺盛であることが、新商品の開発やキャンペーンの企画、お客様へのアプローチなどに役立ちます。

ニュースレターを書くときに、世の中の流行や多くの人が関心を持っていることを知っていれば、その話題を取り上げてお客様の共感を得ることもできます。

また、お客様からのちょっとしたひと言やアンケートからアイデアが閃くのも、好奇心のアンテナを張り巡らせていればこそです。

③忍耐強い

毎回計画したとおりの結果が出るとは限りませんし、結果が出ないからといって諦めてしまっては何も残りません。

たとえばエリア分析をすると、売れているエリアと売れていないエリアがわかります。売れていないエリアに数回ポスティングをして注文が来なければ、「やっぱり売れない」と見切りをつけてしまうのは簡単です。

しかし、販売促進の予算のなかで何ができるかを考え続け、1年間注文のなかったエリアのポスティング業者を変更した担当者がいました。その結果、注文が大幅に伸びて、売れるエリアに変わったこともありました。

ケースバイケースではありますが、**結果が出るまでやり続けられる忍耐強さ**が、出前・宅配の責任者には必要な能力です。

④自分で考えて行動できる

他人から指示されなければ動けないようでは、責任者とは言えません。現場でデリバリースタッフに指示を出すことを例にとっても、注文数によって状況は刻々と変化しているので、的確な指示を出すにはその場、その状況での判断が求められます。

また、今後の販売計画を立てる際にも、いちいち社長や上長に指示を仰ぐのではなく、責任者自身が計画を練ったうえで決裁を得て、実行し、結果を出すことが求められます。

部下を承認することも必要ですし、責任者として社長から承認されることも喜びですが、それを目的にするのではなく、**自分で考え設定した計画を達成することに、やり甲斐や達成感を感じられる人**こそが責任者として適任です。

出前・宅配の責任者として、この4つの能力のすべてが優れていることがもっとも望ましいのですが、4つのなかで自信があって誰にも負けないと自負している能力があれば、それを伸ばしていけば、部下からの信頼は得られます。

もしも、**自分に足りない能力があれば、適性のある部下に任せてしまえばいい**のです。それが組織の強さです。

素晴らしい出前・宅配のしくみをつくり上げるのも、それを運用し、改善していくのも人です。人材の教育はコストも時間もかかりますが、**会社や店の売上げと利益を支えていくのは人材**なのです。

おわりに

最後までお読みいただき、ありがとうございました。

本書を通して「出前・宅配で売上げと利益を伸ばそう」「これなら出前・宅配で収益があげられそうだ」「出前・宅配をやってみよう」と思っていただけたら本望です。


私が出前・宅配とはじめて関わったのは、広告代理店に勤務していた1990年のことです。そのときのクライアントが宅配チェーンであり、低投資で高収益が得られるビジネスモデルだった宅配に興味を持ったことがスタートでした。あれから四半世紀以上がたち、出前・宅配市場も大きく変わりました。

1998年前後の宅配ブームのときには雨後の筍のように宅配店ができましたが、ブームが去って多くの店や宅配チェーンが苦戦を強いられました。

そのときに、別の宅配専門店から依頼され、外部スタッフとして商品開発や販売促進、商圏戦略などを客観的にアドバイスして売上げが大きく伸びたことが契機となり、出前・宅配コンサルタントとして独立することになりました。

その後は、宅配専門店や出前・宅配を併設する店のコンサルティングを手がけてきました。その多くの店ではおいしい商品があるにもかかわらず、お客様にそのことを知らせていませんでした。これでは、お客様はおいしい商品の存在を知らないままですし、店としても売上げは伸びず、どちらにとっても大きな損失です。商品を出前・宅配用に整えて、お客様にそのよさ、おいしさを伝えれば、充分に売れるようになっていくのです。

お客様に商品のよさを伝える方法も、様々なツールが利用できるようになりました。宅配ブームの頃にはチラシなどの紙媒体がほとんどでしたが、今はホームページや出前・宅配のポータルサイト、ＳＮＳも登場して販売促進ツールの幅が広がりました。

デリバリーについても新しい技術が開発され、一部の大手企業では、デリバリーがどこを走っているのかをリアルタイムでお客様のスマートフォンに表示できるシステムまで導入しています。また都心部では、宅配だけを代行する業者も出てきました。

このように出前・宅配ビジネスを支えるツールやシステムは進歩を続けていますが、どんな便利なツールが利用できるようになっても、すべてはお客様に喜んでいただき、リピーターになっていただくための手段にすぎません。

出前・宅配で売上げ・利益を大きく伸ばしている店は、「出前・宅配で売れるしくみ」をつくり、「出前・宅配の３つの基本」を忠実に実行し続けているからこそ繁栄しているのです。

高齢化や女性の社会進出という社会環境のなかで、自宅まで届けてもらえる最高のサービスである出前・宅配は、これからも伸びていく市場です。そして、出前・宅配で成功する秘訣のひとつは、競合他店が参入する前にいち早くこの市場に打って出て、シェアを奪ってしまうことです。

本書をお読みいただいた方々が、出前・宅配で売上げ・利益を伸ばしていかれることを望んでやみません。


末筆ながら、コンサルティングを受けていただいた経営者の皆様、またサポートをしていただいた関係者の皆様、書籍出版へ導いてくださった岩本俊幸氏、出版の機会をいただいた古市達彦氏、惜しみないご協力をいただいた松崎俊之氏に、心より感謝申し上げます。

ありがとうございます。


出前・宅配コンサルティング／有限会社マクウェル　取締役　　牧　泰嗣

著者略歴

牧 泰嗣（まき やすじ）

出前・宅配ビジネスコンサルタント。有限会社マクウェル取締役。
13年間、個人店から中堅チェーン店まで、120店舗以上の出前・宅配ビジネスのコンサルティングを行ない、売上げ・利益を上げ続けてきた出前・宅配コンサルティングの草分けであり、第一人者。手がけた業種は、仕出し・割烹・寿司・中華・洋食・弁当・天ぷら・焼肉・トンカツなど多岐にわたる。「今ある経営資源を活用しただけで、これだけ売上げが伸びるとは思わなかった」「具体的なアドバイスが的を射ている」「店の状況に応じて指導してくれるので、わかりやすく業績アップができた」など、的確かつ丁寧なコンサルティングで実績をもたらし、好評を博している。1店舗の出前・宅配のみで1億円を売り上げている店もあり、全国のクライアントから絶大な信頼を得ている。

ホームページ　http://dtbc.jp

小さな店でも大きく儲かる
出前・宅配・デリバリーで売上げ・利益を伸ばす法

平成29年1月3日　初版発行

著　者 ―― 牧　泰嗣

発行者 ―― 中島　治久

発行所 ―― 同文舘出版株式会社

東京都千代田区神田神保町 1-41　〒 101-0051
電話　営業 03（3294）1801　編集 03（3294）1802
振替 00100-8-42935　http://www.dobunkan.co.jp

 ISBN978-4-495-53601-5

印刷／製本：三美印刷　Printed in Japan 2017
